TERAPIA

COGNITIVO

COMPORTAMENTALE

Gestisci il disagio emotivo, la depressione, l'ansia, la rabbia e il panico attraverso una complessa relazione di pensieri, emozioni e comportamenti.

SOFIA SPINARBA

Sommario

INTRODUZIONE

La terapia cognitivo comportamentale (CBT) è un intervento basato su una combinazione di ricerca e studi comportamentali e cognitivi comuni che esamina sentimenti malsani, comportamenti disadattivi e processi cognitivi. La CBT è un consulente di approccio focalizzato sui problemi e orientato all'azione che gli usa per aiutare i pazienti a superare i loro problemi specifici come ansia, depressione o problemi psichiatrici ancora più complicati.

L'evidenza empirica mostra che la terapia cognitivo-comportamentale è abbastanza efficace nel trattamento di varie condizioni, tra cui personalità, depressione, atteggiamento, bere, abuso di droghe e disturbi psicotici. Il trattamento è spesso manualizzato perché istruzioni terapeutiche specifiche vengono seguite con interventi specifici semplici, precisi e limitati nel tempo guidati da tecniche.

L'ampia gamma di disturbi d'ansia, tra cui disturbo di panico, disturbo ossessivo-compulsivo, disturbo da stress post-traumatico, disturbo d'ansia comune, disturbo d'ansia sociale e fobie, è completamente guarita. I disturbi d'ansia colpiscono 40 milioni di adulti americani dai 18 anni in su, secondo il National Institute of Mental Health (NIMH). Mentre riflettiamo sul significato di questo numero sbalorditivo, diamo un'occhiata al metodo di trattamento consigliato, uno che fornisce il recupero centinaia di migliaia di pazienti.

CAPITOLO UNO
Cosa costituisce la terapia cognitivo comportamentale?

La terapia cognitivo-comportamentale è una tecnica psicoterapeutica volta a insegnare ai pazienti nuove abilità su come superare i problemi di sentimenti, abitudini e cognizioni fisiche attraverso un approccio sistematico orientato agli obiettivi. In molti casi, il nome viene utilizzato per distinguere la terapia comportamentale, la terapia cognitiva e la consulenza incentrata su interventi sia cognitivi che comportamentali. L'evidenza empirica mostra che la terapia cognitivo-comportamentale è abbastanza efficace nel trattamento di varie condizioni, tra cui l'atteggiamento, l'atteggiamento, la depressione, i disturbi psicotici, l'abuso di droghe e il bere. Il trattamento è spesso manualizzato perché specifiche istruzioni terapeutiche vengono seguite con specifici interventi semplici, precisi e limitati nel tempo guidati da particolari tecniche.

È possibile utilizzare la terapia cognitivo comportamentale per persone e in gruppo. I metodi vengono spesso modificati anche per sessioni di autoaiuto. O lui / lei è più orientato al cognitivo, più orientato al comportamento, o una combinazione di entrambi dipende dal singolo clinico o ricercatore, poiché tutti e tre gli approcci vengono utilizzati oggi. Una combinazione di terapia comportamentale e terapia cognitiva ha portato alla terapia cognitivo comportamentale. Queste due terapie hanno molte varianti, ma hanno trovato un terreno comune su cui concentrarsi sul "qui e ora" e sul sollievo dai sintomi.

La valutazione della terapia cognitivo comportamentale può aver portato molti altri a credere che i trattamenti psicoanalitici e altri metodi siano più efficaci di questo. Il Regno Unito promuove l'uso della terapia cognitivo-comportamentale in molti problemi di salute mentale su approcci diversi, come disturbo ossessivo-compulsivo da stress post-traumatico, disturbo, depressione clinica, bulimia nervosa e condizione neurologica da encefalomielite da mialgia / affaticamento cronico . All'interno di varie tradizioni religiose e filosofiche, in particolare lo stoicismo, i precursori della terapia cognitivo-comportamentale basano le loro origini. Le origini attuali della CBT possono essere ricondotte all'emergere della terapia comportamentale negli anni '20, alla crescita della terapia cognitiva negli anni '60 e alla graduale integrazione dei due approcci. Mary Cover Jones, la cui dissertazione trattava del disimparare le paure nei bambini, pubblicò i primi approcci di terapia comportamentale nel 1924.

Con molti disturbi introversi, gli interventi di trattamento precoce hanno funzionato bene, ma non tanto con la depressione. A causa della "rivoluzione cognitiva", anche la terapia comportamentale perse popolarità, il che portò alla creazione della terapia cognitiva da parte di Aaron T. Beck negli anni '60. Arnold A. Lazarus ha creato la prima forma di terapia cognitivo-comportamentale durante il periodo tra la fine degli anni '50 e gli anni '70. Durante gli anni '80 e '90, il lavoro di David M. Clark nel Regno Unito e David H.Barlow negli Stati Uniti ha unito terapie cognitive e comportamentali. I seguenti metodi includono la terapia cognitivo comportamentale: terapia cognitiva, terapia logica, psicologica, comportamentale e terapia multimodale. Definire con precisione quale terapia cognitivo-comportamentale è una delle sfide più grandi. Le strategie di terapia primaria variano in diversi metodi CBT a seconda del tipo di problemi psicologici discussi, ma le tecniche di solito si concentrano su quanto segue: mantenere un diario di eventi significativi e delle loro emozioni, pensieri e comportamenti.

Interrogare e controllare cognizioni, percezioni, conclusioni e valori irrazionali e inutili.

A poco a poco di fronte a un comportamento che potrebbe essere fermati.

Sperimenta nuovi modi di comportarti e reagire.

Al contrario, i metodi di motivazione, percezione e rilassamento sono ampiamente utilizzati anche nella terapia cognitivo comportamentale. I farmaci stabilizzatori dell'umore sono spesso combinati anche per trattare condizioni come il disturbo bipolare con terapie. Le raccomandazioni del NICE nel NHS hanno accettato l'uso della terapia cognitivo-comportamentale in combinazione con farmaci e terapia nel trattamento della schizofrenia. Questo di solito richiede tempo alle persone per incorporare con successo la terapia cognitivo comportamentale nella loro vita.

Questo di solito richiede uno sforzo concertato per sostituire un meccanismo o modello patologico cognitivo-affettivo-comportamentale con uno più razionale ed efficiente, anche se sanno quando e dove i loro processi mentali vanno male. Il trattamento cognitivo-comportamentale è applicabile a molte situazioni diverse, comprese le seguenti condizioni: disturbi d'ansia (disturbo ossessivo-compulsivo, fobia sociale e disturbo d'ansia sociale, disturbo d'ansia comune) disturbi dell'umore (depressione clinica, disturbo depressivo maggiore, sintomi psichiatrici) insonnia (compreso l'essere più attivi dello zopiclone) Malattie mentali gravi (zopiclone) L'evidenza empirica mostra che la terapia cognitivo-comportamentale ha successo nel trattamento di molti disturbi, tra cui disturbo ossessivo-compulsivo, disturbo d'ansia generalizzato, disturbo depressivo maggiore, depressione, ansia e sé -pensare negativo). Con l'enorme quantità di successo dimostrato dall'utilizzo di questa tecnica, è uno degli strumenti più essenziali di oggi per scienziati e medici per trattare i disturbi mentali.

Terapia cognitivo-comportamentale - Le basi

La terapia cognitivo-comportamentale è un tipo di psicoterapia che dimostra il ruolo critico del pensiero nel modo in cui ci sentiamo e in quello che facciamo.

Come metodo clinico separato, la terapia cognitivo-comportamentale non esiste. La parola "terapia cognitivo-comportamentale (CBT)" è un termine molto generico usato per descrivere diverse terapie. La terapia comportamentale-comportamentale ha diversi approcci, tra cui Terapia comportamentale emotiva morale, Terapia comportamentale oggettiva, Terapia della vita razionale, Terapia cognitiva e Terapia comportamentale dialettica.

Molti interventi cognitivo-comportamentali, tuttavia, hanno le seguenti caratteristiche:

1. La CBT si basa sul modello comportamentale della risposta emotiva.

La terapia cognitivo-comportamentale si basa sulla nozione che le nostre emozioni, inclusi gli individui, circostanze ed eventi, influenzano i nostri sentimenti e le nostre azioni, non cose esterne. Il vantaggio di questa realtà è che anche se la situazione non cambia, possiamo cambiare il modo in cui pensiamo di sentirci / agire in modo diverso.

2. La CBT è limitata nel tempo e più breve.

In alcuni aspetti dei dati ottenuti, la terapia cognitivo-comportamentale è considerata una delle migliori. Il numero medio di pazienti che ricevono sessioni (con tutti i tipi di problemi e approcci CBT) è solo 16. Alcuni tipi di terapia possono richiedere anni, come la psicoanalisi. Ciò aiuta la CBT ad essere più concisa è la sua natura estremamente istruttiva e il fatto che utilizza le attività dei compiti a casa. La CBT è limitata nel tempo in quanto aiuta i clienti a rendersi conto che ci sarà un punto in cui la terapia formale inizierà proprio all'inizio della fase di terapia. Il completamento della consulenza strutturata è la scelta del consulente e del cliente. La CBT non è, quindi, un processo aperto e senza fine.

3. Per una terapia efficace, è essenziale una forte partnership terapeutica, ma non l'enfasi.

La maggior parte dei tipi di consulenza ritiene che una causa della relazione positiva tra il terapeuta e il paziente, la ragione principale per cui le persone migliorano in terapia. I terapisti cognitivo-comportamentali concordano sul fatto che avere un buon rapporto di fiducia è essenziale, ma non è sufficiente. I consulenti CBT concordano sul fatto che i consumatori stanno migliorando man mano che imparano a pensare in modo diverso e ad agire in base a tale formazione. I professionisti della CBT sono, quindi, concentrati sull'insegnamento delle abilità logiche nell'auto-consulenza.

4. La CBT è uno sforzo congiunto tra il terapeuta e il cliente.

I consulenti cognitivo-comportamentali cercano di imparare dalla vita (i loro desideri) ciò che i loro clienti vogliono e aiutano il loro cliente a raggiungere gli obiettivi. Il ruolo del terapeuta è ascoltare, insegnare e incoraggiare, mentre le parti del cliente esprimono preoccupazioni, apprendono e implementano tale apprendimento.

5. La CBT si basa sulla filosofia degli stoici.

Non tutti gli approcci CBT sottolineano lo stoicismo. Lo stoicismo è enfatizzato dalla terapia comportamentale emotiva, dalla terapia della vita razionale e razionale e dalla terapia del comportamento razionale. La terapia cognitiva di Beck non era basata sullo stoicismo. La terapia cognitivo-comportamentale non sta dicendo alle persone come sentirsi. La maggior parte delle persone in cerca di terapia, tuttavia, non vuole sentirsi come si è sentita. I metodi che enfatizzano lo stoicismo, di fronte a circostanze sgradite, dimostrano i vantaggi di sentirsi, nel peggiore dei casi, calmi. Sottolineano anche il fatto che, sia che ne siamo arrabbiati o meno, abbiamo le nostre situazioni indesiderabili. Se siamo arrabbiati per i nostri problemi, abbiamo due problemi: il problema e il nostro turbamento al riguardo. La maggior parte delle persone desidera il minor numero di problemi possibili. Quindi non solo ci sentiamo meglio se impariamo a gestire un problema personale con maggiore sicurezza, ma di solito ci mettiamo in una posizione migliore per usare il nostro intelletto, esperienza, potere e capacità per risolvere il problema.

6. L'approccio della CBT è socratico.

I consulenti cognitivo-comportamentali vogliono una perfetta comprensione delle esigenze dei loro clienti. Ecco perché a volte fanno domande. Ispiriamo sempre i loro clienti a porsi domande come: "Perché so che queste persone stanno ridendo di me?" "Rideremo di qualcos'altro?"

7. La CBT è formulata e insegnata.

Per ogni riunione, i consulenti cognitivo-comportamentali hanno un programma particolare. Durante ogni sessione verranno insegnate tecniche / concetti differenti. La CBT si concentra sugli interessi del paziente. Non chiedono ai nostri clienti quali "dovrebbero" essere i loro obiettivi o cosa dovrebbero accettare. Siamo una linea guida nel senso che stiamo insegnando ai nostri consumatori come pensare e agire nel modo in cui vogliono ottenere ciò che vogliono. I terapisti CBT, quindi, non consigliano ai loro clienti cosa fare, ma mostrano ai loro clienti come farlo.

8. La CBT si basa su un modello di apprendimento.

La CBT si basa sul presupposto che la maggior parte delle risposte emotive e comportamentali siano apprese e validate scientificamente. Lo scopo della consulenza è, quindi, imparare un nuovo modo di reagire. La CBT, quindi, non ha nulla a che fare con il "parlare da solo". Le persone possono parlare con chiunque "solo". Il focus accademico della CBT ha un ulteriore vantaggio: questo aiuta nei risultati a lungo termine. Sai cosa fare per continuare a fare bene una volta che le persone capiscono cosa e perché stanno bene.

9. L'approccio induttivo è la base per la teoria e le tecniche CBT.

Un aspetto chiave del pensiero razionale è che è basato sui fatti. A volte, quando la situazione non è quella che pensiamo, ci arrabbiamo per le cose. Se lo sapessimo, non saremmo preoccupati per il nostro tempo. L'approccio induttivo ci permette quindi di considerare le nostre idee come teorie o conclusioni che possono essere messe in discussione e verificate. Se consideriamo i nostri metodi non corretti (perché abbiamo nuove informazioni), allora possiamo cambiare il nostro ragionamento per essere in linea con la situazione attuale. I compiti della CBT sono una caratteristica cruciale.

Se hai passato solo un'ora alla settimana a studiarli quando hai provato a imparare le tabelline, potresti ancora chiederti cosa sia 5x cinque. Hai anche passato molto tempo a esercitarti con le tabelline a casa, magari con le flashcard. Lo stesso vale per la psicoterapia. Il raggiungimento dell'obiettivo (se raggiunto) richiederebbe molto tempo se tutta una persona dovrebbe pensare solo alle tecniche e alle materie insegnate fosse un'ora alla settimana. I terapisti CBT, quindi, danno compiti di lettura e ispirano i loro clienti per iniziare a praticare i metodi appresi.

Terapia comportamentale cognitiva per l'ansia

La terapia cognitivo-comportamentale dell'ansia è una consulenza per rompere il ciclo della confusione. Questo restituisce potere, educa e cambia il modo di vivere di una persona quelle abitudini o stili di vita.

Sviluppiamo una serie di capacità di coping fin dall'infanzia o attraverso eventi traumatici che possono diventare meccanismi di coping. È stato dimostrato che questo tipo di trattamento è molto efficace nel trattamento della depressione e nell'aiutare i pazienti a capire perché stanno facendo quello che stanno facendo e come possono migliorarlo.

Il corpo risponderà come se quella paura fosse reale quando una persona prova paura. Quindi, se temessi che il vento che soffia tra gli alberi li faccia cadere intorno a te, in reazione a quella paura, il tuo corpo rilascerebbe adrenalina.

Ora, se fossi davvero in pericolo, l'adrenalina ti darebbe una scarica di energia che potrebbe farti sfuggire al maschio per salvarti. È la risposta giusta. Grazie a ciò che non accade, una reazione malsana è vivere nella paura. Ad esempio, hai paura di essere licenziato. Non lo era, ma sei preoccupato: non un panico di tanto in tanto, né depressione tutto il tempo.

Sei preoccupato che andando al lavoro avrai un incidente. Hai paura che possa succedere ai tuoi figli, alla tua famiglia, al tuo coniuge. Hai così paura che la tua casa possa bruciare e perdere tutti i tuoi risparmi. Ognuno ha pensieri temporanei in cui ci sarà una fitta di paura o ansia.

Questa è l'esistenza nel mondo in cui viviamo. Ma se i pensieri non svaniscono, se nelle nostre menti e li riproduciamo di nuovo come un disco rotto, è un problema. La terapia dell'ansia cognitivo-comportamentale aiuta il cervello a smettere di suonare quel disco rotto e aiuta i pazienti ad andare oltre il luogo in cui sono bloccati.

Il trattamento e l'addestramento dell'ansia e il riconoscimento del motivo per cui certe emozioni provocano un'azione e inducono una reazione fornita alla libertà. Il discorso di sé negativo può essere trasformato in un discorso di sé positivo. Se ti prendi il tempo per guardare alcuni dei pensieri che hai ricevuto, potresti persino vedere come stai riproducendo le stesse tracce che ti sono state insegnate crescendo o durante un evento traumatico.

Abbiamo tutti un sistema di credenze, ma non tutte le cose che crediamo siano vere. Attraverso valori sbagliati o errati, possiamo cambiare ciò che è buono e ciò che è giusto e mescolarlo nella nostra mente. Supponiamo che tu abbia paura dei serpenti perché, da bambino, ne hai calpestato uno e ti hai morso.

Hai la possibilità di visitare un acquario, ma non andare perché hai paura che i serpenti escano dalle loro gabbie e verrai morso. Solo parlare di essere morsi di nuovo ti fa sentire come se stessi per crollare. Il tuo cuore inizia a battere forte e la tua testa inizia a farti male.

Questa è una risposta fisica all'ansia di ciò che potrebbe essere accaduto ma non è successo. La terapia dell'ansia cognitivo-comportamentale può aiutare le persone a risolvere l'ansia che le tiene nella paura.

In questo esempio, penso sia importante notare che sto mettendo in discussione i miei pensieri per sentirmi meglio dove sono perché non sono nello zoo o vicino a nessun serpente.

E a proposito, per noi umani, la paura dei serpenti è una paura critica che va in profondità nelle parti più vecchie della nostra mente.

Durante la mia terapia di gestione della rabbia, chiedo spesso ai clienti di raccontarmi la storia di ciò che è accaduto la notte in cui sono stati arrestati, e spesso molte delle emozioni associate a quell'incidente torneranno, e li spingerò chiedendo loro come si sentono e con un po 'di motivazione la maggior parte di loro sarà in grado di identificare un sentimento (pazzo, felice, ansioso, triste) e chiederò loro se la persona, il luogo o l'oggetto è lì.

La risposta è sempre "no", quindi abbiamo un ottimo esempio di come il pensiero produce l'emozione, in questo caso, un ricordo, che può essere un pensiero negativo involontario (ANT 'S). Una volta che hai capito queste ANT, puoi calpestarle e il picnic può procedere. Il Dr. Daniel Amen usa l'esempio delle formiche a un picnic per spiegare perché le ANT possono diventare fastidiose.

Quali vantaggi puoi ottenere dalla terapia comportamentale?

La terapia comportamentale, riconosciuta anche come modificazione comportamentale, è un approccio alla psicoterapia basato sulla teoria dell'insegnamento finalizzato al trattamento della psicopatologia attraverso tecniche progettate per rafforzare i comportamenti desiderati e minimizzare i comportamenti indesiderati. Antiche tradizioni filosofiche, come lo stoicismo, furono i precursori di alcuni aspetti fondamentali della terapia comportamentale. B.F. potrebbe aver usato il primo uso della parola "terapia comportamentale" in un progetto di ricerca.

Ci sono tre origini distinte della terapia comportamentale: in generale, Eysenck ha interpretato i problemi comportamentali come un'interazione tra le caratteristiche del clima, delle azioni e della personalità. D'altra parte, il gruppo di Skinner ha adottato più di un approccio di condizionamento organizzativo, incluso un approccio proattivo alla valutazione e alle strategie di gestione del rischio (ricompensa e punizione per comportamenti positivi e negativi, noto anche come "sistema di token") e attivazione comportamentale.

Skinner è stato coinvolto nell'individuazione di servizi per migliorare l'apprendimento delle persone con e senza disabilità; ha collaborato con Fred S. Keller per creare un'istruzione strutturata. Il successo clinico nel trattamento della riabilitazione con afasia è stato dimostrato da istruzioni programmate. Ogden Lindsley, un allievo di Skinner, è accreditato di aver creato un movimento chiamato "insegnamento di precisione", che ha creato una sorta di sistema grafico che teneva traccia dei progressi fatti dai clienti.

Diversi terapisti hanno iniziato a combinare questa terapia con la terapia cognitivo comportamentale di Ellis e la terapia cognitiva Albert di Aaron Beck nella seconda metà del 20 ° secolo. La componente cognitiva si è aggiunta alla terapia in alcune aree (specialmente quando si trattava di trattare la fobia sociale), ma la componente cognitiva non si è aggiunta alla terapia in altre aree. Ciò ha contribuito allo sviluppo di terapie psicologiche della terza generazione.

Terapie comportamentali di terza generazione fondono i principi di base della psicologia operante e rispondente con la valutazione cognitiva e un'interpretazione medica e la concettualizzazione del caso delle azioni verbali che integra più punti di vista dell'analista comportamentale. Alcune ricerche mostrano che in alcuni casi i trattamenti comportamentali di terza generazione hanno più successo della terapia cognitiva, ma sono necessarie ulteriori ricerche per rendere le prove definitive.

La terapia di accettazione e impegno (ACT), il processo di valutazione comportamentale cognitiva della psicoterapia (CBASP), l'attivazione comportamentale (BA) e la terapia di coppia comportamentale integrativa sono alcuni degli approcci più usati alla terapia comportamentale oggi. La terapia comportamentale incorpora le teorie del condizionamento classiche introdotte da Ivan Pavlov con i progetti di condizionamento operante sviluppati da B. F. Skinner, ricordi. C'è stata una certa incertezza su come queste due varianti e su come questo abbia una base scientifica generale per le diverse tecniche. Un articolo online, "Reinforcing Behavioral Therapy, offre una risposta a questa incertezza. Il condizionamento operativo ha portato una strategia di pianificazione di emergenza che sono stati molto efficaci anche negli adulti con schizofrenia. Il condizionamento del rispondente ha portato alla desensibilizzazione sistematica e all" evitamento della percezione e della reazione.

CAPITOLO DUE

CBT - L'attuale trattamento di scelta

La terapia cognitivo-comportamentale sta attualmente ricevendo una notevole attenzione come trattamento di scelta per le persone con una serie di disturbi psicologici che necessitano di assistenza. È un approccio formale e pragmatico alla risoluzione dei problemi che si applica a coloro che cercano una terapia. Le persone che necessitano di consulenza sono alla ricerca di medici elaborati in formazione CBT. Conoscere la ragione di questa tendenza attuale nel successo della terapia cognitivo-comportamentale può essere trovata nelle caratteristiche uniche che sono centrali per questa modalità di trattamento. Il design ha una semplicità e allo stesso tempo coerenza che caratterizza i principi della CBT.

La terapia cognitivo-comportamentale migliora la relazione collaborativa tra terapeuta e paziente. I consulenti ei pazienti sviluppano insieme una relazione di fiducia e discutono i problemi che presentano l'uno dell'altro che devono essere considerati prioritari ed esplorati in terapia. In genere, nella CBT, il problema più urgente che disturba il paziente è l'obiettivo iniziale del trattamento. Di conseguenza, il cliente tende a sentirsi rilassato e facilita l'identificazione e la risoluzione del problema primario che lo ha portato in terapia.

I problemi vengono discussi in modo efficiente frontalmente. Il cliente viene consigliato sulla terapia cognitivo-comportamentale dell'ABC. Lo psicologo spiega la relazione e delle azioni tra pensieri e credenze. Il modo in cui il cliente si sente riguardo ai problemi deciderà come la persona reagisce ai diversi problemi. È il modo di pensare alle difficoltà della vita che controlla le azioni della persona.

Supponiamo che tu stia lavorando in un ufficio e un collega ti abbia passato accanto a un'intera settimana senza accorgersi della tua presenza. Torni nel tuo camerino ogni giorno e ti chiedi perché questo collega ti tratti così ingiustamente. Stai costruendo pensieri sul suo essere snob e condiscendente, e stai iniziando a chiederti cosa potresti fare per offenderla. Comincia a emergere la rabbia e inizi a pensare: "Come osa trattarmi!" Alla fine ti accontenti e inizi a considerare la questione razionalmente. Pensi: "Questo è stupido, perché non vado a trovarla nel suo ufficio e vedo cosa sta succedendo nella sua vita che potrebbe avere un impatto su questa situazione. Stai entrando nel suo ufficio e inizi una conversazione. Nel mezzo del tuo parlare, ammette che suo figlio soffre di depressione e vuole vedere un terapista.

Le dai qualche suggerimento e lei si alza dalla sedia prima che tu te ne vada e ti abbraccia. Questo incidente mostra quanto possa essere errato il nostro ragionamento e possa essere basato su alcuni presupposti errati. La CBT ha successo perché aiuta il cliente a modificare i modelli di pensiero che compromettono il comportamento. La CBT è un trattamento semplice inteso ad avvisare il cliente del modo di pensare che è controproducente. L'individuazione del pensiero distorto e inadatto si ottiene attraverso un approccio esplorativo che si basa su una forte relazione terapeutica tra cliente e terapeuta. La terapia cognitivo-comportamentale si concentra su un basso dialogo interiore di un paziente e offre suggerimenti utili su come disimpegnare la propria conoscenza per renderla molto più adattabile. Il terapista CBT aiuta il cliente a credere in modo più indagando le idee mirate del richiedente, osservando i modi in cui possono risolvere la realtà e distruggendo le credenze o le ipotesi sottostanti che influenzano i modi di pensare e di comportarsi.

I pensieri spontanei sono le affermazioni irrazionali che diciamo a noi stessi quando siamo sotto pressione- "Non avrò mai un appuntamento che mi vorrebbe mai!" Le illusioni cognitive sono le lenti da cui percepiamo la realtà- "Mi fai sempre sentire un perdente" (o pensare o sognare). I presupposti sottostanti sono i "pulsanti caldi" che si cristallizzano come un modo per far fronte e soddisfare i nostri bisogni durante l'adolescenza: "Dovrei evitare il conflitto a tutti i costi; temo il rifiuto e ferisco i miei sentimenti". La terapia cognitivo-comportamentale mira a contrastare le cose prive di senso che ci diciamo e ci permette di costruire modi più logici per rispondere ai nostri processi di pensiero disadattivi. Sebbene i compiti a casa siano parte integrante della terapia, i pazienti sono motivati a completare compiti volti a cambiare il pensiero negativo. Una procedura specifica aiuta il cliente a identificare gli eventi inquietanti attuali, il dialogo interiore negativo e i modi per rispondere razionalmente alle situazioni. La persona documenta situazioni difficili, riconosce pensieri autodistruttivi e confuta i modelli di pensiero negativo con una risposta più logica e costruttiva agli eventi. Il foglio di registro verrà aggiornato per il miglioramento del paziente durante ogni sessione di terapia.

I clienti sono responsabili del loro successo con CBT. Sono consapevoli di queste cose necessarie per la riforma e i modelli stanno lavorando diligentemente per modificare di pensiero difettosi. Il progresso terapeutico può essere controllato efficacemente attraverso auto-inventari e feedback dei pazienti. Il tempo per valutare i vantaggi o gli ostacoli delle sessioni è sempre lasciato alla fine delle sessioni. Ai clienti è stato chiesto di determinare l'efficacia del processo del loro terapeuta.

I pazienti si chiedono anche: "Quanto tempo richiederà questo programma terapeutico?" Ogni caso è diverso, di solito ci sono da sei sessioni adeguate per insegnare ai pazienti le tecniche per rimodellare la loro mentalità. La CBT è un sistema pragmatico, di facile utilizzo e limitato nel tempo che aiuta le persone a valutare il loro pensiero negativo ea trasformare se stessi e gli altri nel modo in cui rispondono. Gli individui con ansia, disturbi depressivi e schemi di dipendenza sono particolarmente precisi nel trarre beneficio dalla terapia. La buona notizia è che attraverso la terapia cognitivo-comportamentale, la maggior parte dei problemi di salute comportamentale può essere trattata con successo. La CBT o l'Associazione Nazionale di Terapia Cognitivo-Comportamentale è una risorsa utile per identificare i terapisti che sono adeguatamente istruiti, accreditati e qualificati in questo approccio alla cura.

Come trattare il disturbo ossessivo compulsivo

A seconda della profondità del problema, come trattare il disturbo ossessivo compulsivo. Più a lungo esiste la malattia, peggiore sarà e più sarà radicata. Tuttavia, il primo passo è decidere se hai un disturbo ossessivo compulsivo.

Abbiamo tutte routine che seguiamo tutto il giorno. Questi possono includere il doppio controllo delle porte di casa o della macchina, il lavaggio costante delle mani e piccole cose come attaccare la matita tre volte prima di iniziare uno studio.

Questi rituali sono privi di significato fintanto che non si preoccupano di una parte significativa della tua giornata. Per ovvie ragioni, il doppio controllo delle serrature e se la stufa è spenta sono buone abitudini da associare. Dopo qualsiasi attività che può causare germi pericolosi, lavarsi le mani è anche una pratica salutare. È anche un'azione logica tamponare la tasca per verificare di avere le chiavi.

Le proposte di "buona fortuna" sono perfette anche quando sono sporadiche e in alcuni casi. Questi possono raggiungere il tuo cappello prima di colpire la pallina da golf, toccare il cruscotto della tua auto prima di partire o qualche altra mossa apparentemente inutile.

Qual è il contrasto tra rituali normali e disturbo ossessivo compulsivo (DOC)? È facile distinguere il disturbo ossessivo compulsivo da una normale routine. Le persone con disturbo ossessivo compulsivo comprendono a fare la stessa cosa più e più volte, ben oltre la ragione. Ad esempio, ci laveremo i denti una volta, poi lo faremo spesso per assicurarci che hanno ripulito i germi nocivi.

L'aspetto ossessivo del disturbo ossessivo compulsivo è causato da cose come paura della polvere e dei germi, paura di malattie o lesioni, immaginazione di essere feriti, paura di perdere il controllo, paura di impulsi violenti, paura di pensieri non etici, ecc. Tipicamente, le ossessioni risultanti possono contenere lavaggi frequenti, conteggi, test e sfregamenti delle mani.

In sostanza, applicando azioni compulsive, cercano di trattare le loro tendenze ossessive. Un altro strumento che spesso si usa per curarsi è l'automedicazione, che può causare problemi con l'abuso di sostanze (droghe o alcol).

Un comportamento ossessivo come questo prende il sopravvento sulla loro vita perché non pensano mai di essere abbastanza puliti o che le preoccupazioni siano state eliminate. Passiamo così tanto tempo nella condotta che per gli appuntamenti ci ritroviamo in ritardo.

Un bambino può sentirsi obbligato a raggiungere o contare ogni singolo palo in una recinzione che sta attraversando. Uno comune tenta di non calpestare le fessure del marciapiede. Questi possono estendersi anche all'età adulta.

Può causare estrema angoscia e ansia quando il disturbo diventa un diversivo. Lo stress può aggravare il disturbo.

Che cosa causa il disturbo compulsivo ossessivo? È stato suggerito che il disturbo ossessivo compulsivo coinvolga problemi di comunicazione nel cervello che sono stati collegati a una chimica del cervello chiamata serotonina che controlla la comunicazione cerebrale. Resta inteso che sono coinvolte quantità inadeguate di questa sostanza chimica. Oltre a questo, nessuna causa nota di DOC può essere confermata dai ricercatori. Tuttavia, abbiamo scoperto che può funzionare nelle famiglie.

Il disturbo ossessivo compulsivo può essere simile al disturbo da stress post-traumatico, ma la differenza è che il disturbo ossessivo compulsivo non è causato direttamente da un evento terribile come il disturbo da stress post-traumatico. Spesso, separarsi dai disturbi psicotici come la depressione o la paranoia è semplice perché le persone con disturbo ossessivo compulsivo sono pienamente consapevoli di ciò che è vero e di ciò che non lo è.

Si rende anche conto di non avere una condizione normale. Li porta a ritirarsi dalla società perché si vergognano o si imbarazzano.

Come trattare il disturbo ossessivo compulsivo: un tempo nessuno sapeva come trattare il disturbo ossessivo compulsivo. La soluzione è ora intesa come terapia cognitivo comportamentale. Ironia della sorte, è ora ampiamente utilizzata terapia cognitivo comportamentale per alleviare l'ansia e il panico. Lo rende la terapia perfetta per le persone ossessive compulsive e nervose.

I farmaci per aumentare i livelli di serotonina aiuteranno ad alleviare i sintomi, la terapia cognitivo-comportamentale un lungo termine porterà a miglioramenti drastici.

La terapia cognitivo comportamentale richiede la riprogrammazione del cervello per desensibilizzarlo a questi sentimenti e circostanze negativi. Insegna alle persone modi alternativi per gestire le preoccupazioni, le paure, le apprensioni, lo stress e l'ansia della loro vita.

Devi trovare qualcuno che voglia affrontare il disturbo ossessivo compulsivo. Dovrebbe essere trovato uno specialista in terapia cognitivo comportamentale in quanto conoscerà il disturbo, esattamente cosa provi e vieni ad aiutarti a risolverlo.

Ogni gruppo ha professionisti della salute mentale locali, medici, psicologi e terapisti appositamente formati su come trattare il comportamento ossessivo compulsivo. Inizia con il tuo medico e lui può identificare la giusta direzione per te. Se è necessaria la terapia con serotonina, potrebbe essere necessario acquisire i suoi servizi.

Ecco un programma dettagliato che fornisce una guida completa su come utilizzare la terapia cognitivo comportamentale per far fronte alla depressione e alle malattie correlate come il DOC.

La risposta della terapia cognitivo comportamentale agli attacchi di panico

Le persone che soffrono di attacchi di panico sperimentano sintomi come palpitazioni cardiache, ansia, perdita di controllo, imminenti sensazioni di morte, disorientamento e sensazione di blocco. Sebbene chi soffre di questo disturbo si senta indebolito, l'utilizzo della terapia cognitivo-comportamentale è una delle sindromi più gestibili da trattare.

Una volta che le persone sono arrivate per la prima volta alla terapia cognitivo-comportamentale, possono dire di aver ricevuto una consulenza precedente, aver effettuato numerose visite mediche e di essere state trattate per i sintomi associati alla loro depressione al pronto soccorso. Di solito i pazienti sono alla disperata ricerca di risposte per alleviare la loro lotta di panico in corso. I pazienti sono sollevati di sapere che l'uso della terapia cognitivo-comportamentale allevierà i loro sintomi. I pazienti a volte si sentono pazzi, anche se è necessario che gli venga detto che avere pensieri "pazzi" è un'illusione mentale ed è molto diverso da quelli che potrebbero essere considerati pazzi dal punto di vista medico.

La maggior parte delle persone conosce il momento in cui ha sperimentato per la prima volta gli attacchi di panico. Potrebbero essersi scatenati eventi che hanno favorito lo sviluppo dell'ansia. Il cliente potrebbe non essere in grado di mettere in relazione l'ansia con un evento scatenante traumatico. Fattori come malattia grave, stress sul lavoro, abusi / traumi familiari, perdita di una persona cara e mancanza di espressività emotiva possono causare condizioni di panico. In genere, una volta che scoppia un attacco di panico, si trova più attacchi se una persona non è consapevole del ciclo di pensieri e comportamenti autolesionistici che facilitano il meccanismo del panico.

E aiutare le persone a rendersi conto che sono i segni secondari che mantengono viva l'ansia è la paura segreta e che limita. In altre parole, lo schema del panico è accompagnato dal "controllo sulla paura". Il recupero include l'educazione del malato sui modi per rispondere ai propri schemi di pensiero controproducenti durante l'inizio del loro attacco attraverso la terapia cognitivo-comportamentale. Supponiamo che tu stia facendo un test intermedio durante la scuola. Coloro che combattono "spaventando" i loro sintomi con la loro ansia peggiorano la loro paura. Potrebbero dire: "Oh mio Dio, ecco che tornano quei sentimenti travolgenti, mi sento come se stessi per morire!" Ma coloro che riconoscono la loro paura e rispondono razionalmente con pensieri del tipo: "Questa ansia si ripresenta: calmati e fai quei respiri profondi e finalmente si placherà. Queste sensazioni non dureranno a lungo, sono limitate nel tempo - loro Te ne e presto. "Gli attacchi di panico sono stati aggravati da coloro che" catastrofe "sui loro sintomi. Imparare a rispondere al panico ne riduce razionalmente l'effetto. Non è necessario cercare di capire cosa ha causato il panico di un individuo per trattarlo. Ciò che è importante è incoraggiare coloro che soffrono di ansia a rispondere positivamente.

Le persone con attacchi di panico sembrano vergognarsi del loro problema. È importante capire che i malati non sono soli, l'ansia è diversa dalla condizione umana. Ansia e ansia non sono rari e, con tutte le proprie emozioni, chi incontra ha bisogno di imparare ad essere più aperto e articolato. È importante che il processo di guarigione esprima un'ampia gamma di emozioni con coloro di cui puoi fidare. Quelli di noi che nascondono il panico come un modello basato sulla pietà si sono prefissati di ripeterlo. Quando coloro di cui ci fidiamo sono consapevoli del nostro sé autentico, che includono la nostra debolezza, l'importanza dei nostri problemi di ansia inizia a scomparire.

Quando si affronta il disturbo di panico, gli approcci paradossali possono essere efficaci. Fare in modo che un cliente pianifichi un periodo di ansia e aiutandolo a perseverare potrebbe provocare risate e aiutare a spezzare il ciclo della paura. Durante la costrizione toracica correlata al panico, a un paziente che ruminando può essere chiesto di eseguire esercizi cardiovascolari per cercare di alleggerire il momento e interrompere il ciclo della sofferenza. La terapia cognitivo-comportamentale è un approccio sistematico e pragmatico che aiuta le persone a superare i sintomi dell'ansia imparando a reagire con un approccio positivo al loro atteggiamento nei confronti della condizione.

Terapia cognitivo comportamentale per disturbi alimentari

Ci sono una serie di cose che puoi fare per aumentare le tue possibilità di successo prima di iniziare il tuo programma di trattamento di Terapia Comportamentale Cognitiva (CBT).

Dando priorità a te stesso e alla riabilitazione per aiutare a sconfiggere il tuo disturbo alimentare, la CBT ha bisogno che tu sia un partecipante diligente e attivo nel processo. Questo richiederà tempo ed energia, quindi dovresti dare la priorità alla tua riabilitazione e te stesso il più possibile per la durata del trattamento. Questo può essere difficile, soprattutto se hai un basso senso di autostima. I passaggi di seguito ti aiuteranno ad affrontare il compito in modo pratico e mirato che ti consentirà di mettere in dubbio qualsiasi propensione a mettere i tuoi bisogni dietro gli altri.

Fase 1 - Pianificare e prevedere le sfide Se puoi anticipare gli ostacoli da superare, avrai l'opportunità di pianificare soluzioni / strategie per affrontarli. Rispondere in modo proattivo ai problemi piuttosto che in modo reattivo significa aumentare le possibilità di risolverli perché ti dal tempo di scegliere le soluzioni migliori invece di dover prendere decisioni rapidamente e sotto pressione. Ti aiuta anche a pensare in modo realistico ai problemi di recupero che riducono le possibilità di essere frustrati.

Il completamento del seguente esercizio ti aiuterà a farlo. Gli ostacoli al miglioramento saranno sia psicologici che emotivi (ad es. Depressione da aumento di peso, mancanza di modi alternativi per affrontare le emozioni) e realistici (altri requisiti e richieste di tempo), quindi pensa a entrambe queste aree quando finisci il piatto. Quando identifichi i possibili ostacoli al progresso, trova i modi per gestire questi problemi e ridurli.

1. Elenca tutti gli ostacoli alla riforma.

1. Identificare modi per superare le sfide sopra menzionate.

Fase 2- Controllo della salute fisica Un disturbo alimentare influisce sulla salute fisica e psicologica. Pertanto, la riabilitazione richiede la risoluzione di queste due cose. Il rischio per la salute fisica, tuttavia, è più urgente e quindi deve essere controllato e ridotto prima che inizi qualsiasi altro miglioramento. Chiaramente, tutti i miglioramenti diventeranno teorici a meno che tu non sia fisicamente al sicuro. Quindi, se non l'hai già fatto, fissa un appuntamento per vedere il tuo medico di famiglia in modo che possa valutare e monitorare la tua salute fisica.

Fase 3 - Sviluppare una rete di supporto I disturbi alimentari possono causare molti sensi di colpa e vergogna, con il risultato che ti ritroverai e ritirarti dagli altri, sopprimendo i tuoi pensieri, sentimenti e comportamenti geniali. In assenza di altri modi per affrontare, questa è una risposta comprensibile. Sebbene possa offrire sollievo dai sentimenti di colpa a breve termine, ti farà sentire più depresso, solo e intrappolato a lungo termine. La CBT ti offre un modo diverso di farcela, ma il viaggio verso il recupero è impegnativo, quindi hai bisogno di tutto il supporto possibile.

Tuttavia, il senso di colpa che circonda il tuo disturbo alimentare e il sentirti inutile può rendere difficile chiedere supporto. E chiediti: "Se ci fosse questo problema per qualcuno a cui tengo, vorrei aiutarlo?". Quelli intorno a te probabilmente proveranno la stessa cosa, e anche se potresti non sentire che ti meriti la stessa cosa degli altri, lo fai. Se hai qualcuno vicino a te che si prende cura del tuo disturbo alimentare e credi di poterti fidare di loro, condividi con loro i dettagli dei tuoi farmaci e parla di come possono aiutare mentre lavori per il recupero.

Passaggio 4: essere adeguatamente assertivi Puoi scoprire di mettere i tuoi bisogni dietro quelli degli altri per compensare i sentimenti di vergogna, rimorso e inutilità. Questo può aiutare ad accettare i sentimenti negativi su te stesso a breve termine, ma un lungo termine ti assicura che i tuoi bisogni non saranno soddisfatti, lasciandoti trascurato, solo e non curato. Potresti essere così debilitante nei tuoi sentimenti di vergogna da essere disposto a tollerare la violenza mentale, fisica e / o sessuale.

Una parte fondamentale della tua guarigione sarà affrontare i tuoi bisogni, che ti sembreranno nuovi e imbarazzanti perché non sei abituato a concentrarti su ciò di cui hai bisogno, ma su ciò che vogliono gli altri. Prima di tutto, devi decidere di cosa hai bisogno per fare questa mossa. Quindi devi capire chi può farlo. Quando scegli di scendere a compromessi per gli altri, potresti aver attratto persone che non sono in grado di soddisfare le tue esigenze. Se è così, guardare oltre queste partnership, probabilmente prendendo le distanze da loro per andare avanti. Infine, cosa ti serve per connetterti.

CAPITOLO TRE

Terapia comportamentale e agorafobia

L'agorafobia è la condizione di disturbo d'ansia più diffusa. La parola "agorafobia" deriva dal greco, "agorà" significa il luogo del mercato e "fobia" significa paura di un evento specifico.

In generale, molte persone che soffrono di agorafobia si sentono esposte e infastidite in luoghi aperti o pubblici. Ad esempio, in coda, in un complesso commerciale, in un giardino, ecc. La sofferenza non offre alcuna uscita apparente; durante questo caso, si riscontra vertigini e soffoca.

Tuttavia, come molte persone credono, l'agorafobia non riguarda solo gli spazi aperti. Per qualsiasi luogo o circostanza in cui le persone si sentano insicure, intrappolate e incoraggiate a fuggire, è vero. Pertanto, le persone che soffrono di questo evento sono più rilassate rimanendo a casa ed evitando il luogo specifico del terrore.

La sofferenza si sente insicura nell'abbandonare la propria zona di comfort, di solito, occasionalmente, il proprio spazio nella propria casa. Di conseguenza, raramente si avventurano lontano da casa dopo che l'agorafobia li ha afflitti. Preferiamo affidarci ad altre persone per la loro vita quotidiana, come familiari e amici.

Stare in una zona di comfort non è una soluzione per l'agorafobia. Il malato si sta evitando di raggiungere una specifica zona pericolosa, suggerendo che stanno creando delle barriere per limitare i loro spazi liberi di movimento. La restrizione non peggiorerà la situazione immediatamente, ma in un batter d'occhio.

Nella maggior parte dei casi, i pazienti estremi dipendono fortemente dai familiari o dagli amici per svolgere le loro attività quotidiane, il che con il tempo potrebbe mettere una dura prova i caregiver che si rivolgono per aiutare.

In realtà, i ricercatori scoprono che l'agorafobia diventa più diffusa, infettando dall'1/2 all'1% della popolazione mondiale. Al contrario, ci sono 1 su 8 persone con una forma meno estrema. Durante la prima età adulta, l'agorafobia ha un inizio tipico che varia da 18 a 30. La ricerca ha dimostrato che ci sono più eventi traumatici e depressivi che le persone a questa età devono affrontare rispetto ad altre età.

L'agorafobia fosse già ben nota all'inizio del diciannovesimo secolo, pone ancora un mistero, ma gli specialisti ritengono che sia più vero dire che è indotta da più causa anziché da una.

• Nati con ansia sociale: la maggior parte delle persone è nata con ansia e depressione semplicemente nel senso che i loro corpi contengono più adrenalina di altri.

• Vivere la crescita climatica con donne che mostrano tratti di evitamento comportamentale può portare a futuri sviluppi del comportamento.

• Conseguenze: dopo il primo attacco di panico, le persone appaiono "di punto in bianco", hanno paura di un altro attacco e finiscono per evitare l'ultima posizione o circostanza che hanno preso di mira.

• Evento spaventoso, stressante e agonizzante: un'esperienza stressante, una memoria ansiosa e agonizzante può innescare la reazione emotiva delle persone e trasformarsi in agorafobia.

Tradizionalmente, ci sono modi per affrontare l'agorafobia, ma non funziona in modo efficace. C'è stato uno sforzo per trattare la psicoanalisi e i farmaci, ma il risultato spesso porta a un grave problema.

Ad oggi, sono disponibili due trattamenti accettati per aiutare il malato a liberarsi dell'agorafobia.

Il primo è la terapia comportamentale in cui si consiglia al cliente di far fronte alla propria condizione fobica. Dobbiamo immaginare la loro condizione di paura e rivelarsi nella situazione reale dell'agorafobia. Questo trattamento nel sito fobico richiede normalmente 2-3 ore.

Il secondo scenario è la terapia cognitiva; è un tipo di psicoterapia utile anche nel trattamento dell'ansia, della depressione e di altre forme di malattia mentale. Ciò include l'identificazione e la risposta a modelli di pensiero inutili o dannosi, quindi la loro sostituzione con modelli più razionali o benefici.

Entrambi gli approcci sono efficaci, ma la terapia cognitiva fornisce un valore maggiore alla terapia comportamentale. Quest'ultimo, a proposito, è abbastanza buono per raggiungere il suo obiettivo. Ciò ha dato alle persone che hanno completato il corso il 70% di progressi nella riduzione della fobia. In caso di fallimento della terapia comportamentale, la terapia cognitiva funge da trattamento.

Se i pazienti si rivolgono a un terapista professionista, l'agorafobia potrebbe essere facilmente scrollata di dosso. Tuttavia, purtroppo, a differenza della popolazione fobica, le cifre sono inadeguate. Pertanto, i malati dovrebbero apprendere alcune delle abilità di auto-aiuto che enfatizzano e il modo in cui viene applicato.

• L'esposizione dovrebbe essere abbastanza lunga da iniziare a svanire dalla sensazione di paura. Di solito questo può richiedere ore diverse. Evitando brevi periodi di esposizione e una fuga a metà, potrebbe causare un grave problema.

• Dovrebbe essere una routine dopo il primo trattamento curare assolutamente la fobia.

• Coinvolto come famiglia o amici co-terapeuti. Dopo che il malato si sarà sistemato, dovrebbero tornare.

• Acquistare una letteratura di auto-aiuto per controllare meglio la mente e comprendere meglio le reazioni psicologiche e fisiologiche.

• Non utilizzare alcol a nessuna spesa.

• Evita i farmaci. Il farmaco funziona come un soppressore emotivo che implica solo un obiettivo a breve termine piuttosto che un obiettivo a lungo termine.

Oggigiorno, più persone sono coinvolte in eventi emotivi, ma è prudente essere preparati professionalmente. Non limitarti a limitare le nostre capacità dalle cose che vedi e senti.

Salute mentale delle donne - Tipi di terapia

Per favore, anche prima di applicare a te / noi, non sentirti offeso o vergognarti dei termini salute mentale delle donne. Tante cose ci accadono dopo i 40 anni, tanti cambiamenti e trasformazioni. Non capiamo cosa sta succedendo alle nostre teste. Ciò significa le parti fisiche, mentali, emotive e spirituali del nostro corpo.

Una discussione sulla salute mentale delle donne di solito implica un qualche tipo di consulenza. Non c'è modo per impedirlo. OK.?

Cerca di vedere le relazioni tra la salute mentale delle donne e le loro famiglie in questo capitolo. È attiva e una rappresentante di primaria importanza. Oltre a quelli dei suoi figli e della sua famiglia, potrebbe avere i suoi problemi di salute mentale personali. Le donne hanno un enorme fardello sulle spalle e, per non dire altro, la loro salute mentale è compromessa e colpita.

Qual è il trattamento?

La terapia della salute mentale per le donne è un modo per capire meglio se stessi e per affrontarla meglio. Non significa che sei pazzo a essere in terapia. Ci sono problemi per tutti. La terapia è un modo per risolvere i tuoi problemi.

Alcuni dei problemi che possono essere trattati con la terapia, tra cui: depressione ansia droga o dipendenza da alcol disturbi alimentari rabbia tristezza problemi di sonno Ci sono molti diversi tipi di trattamenti di salute mentale per le donne, che funzionano bene anche per gli altri. Un tipo di terapia può funzionare meglio per te, come la terapia del gioco per bambini o la terapia familiare per le controversie familiari. Il tipo di terapia più adatto alle tue esigenze dipende da ciò che meglio si adatta alle tue esigenze.

Quali tipi di trattamenti di salute mentale esistono per le donne?

Le forme di terapia più popolari sono: arteterapia. Con un terapista dell'arte, disegnare, dipingere e giocare con l'argilla può aiutarti a esprimere cose che potresti non essere in grado di esprimere a parole. I consulenti artistici, comprese le persone con disabilità, lavorano con bambini, adolescenti e adulti.

La terapia comportamentale funziona bene per i problemi di salute mentale delle donne. Questo tipo di terapia è molto organizzata e orientata al target. Inizia con quello che stai facendo adesso e ti aiuta a cambiare il tuo comportamento. I terapisti comportamentali possono impiegare strategie come: terapia di stimolazione o desensibilizzazione. Prima impari a rilassarti. Quindi, mentre pratichi queste abilità di rilassamento, impari ad affrontare le tue paure.

Terapia anormale. È associato a un'azione di negativo per aiutare a fermare il comportamento. Mettere qualcosa sul pollice di un bambino che ha un sapore aspro, ad esempio, per aiutare a smettere di succhiarlo.

Giochi di ruolo. Questo può aiutare a essere più assertivo o a risolvere i conflitti dei membri della famiglia.

Tieni traccia di te stesso e mantieni un elenco delle tue attività quotidiane. Questo può aiutare a identificare i comportamenti che causano problemi per te.

Biofeedback. Un altro tipo di terapia ti aiuterà a imparare come regolare le funzioni del corpo come la tensione muscolare e gli schemi delle onde cerebrali. Il biofeedback può aiutare con sintomi come tensione, ansia e sintomi fisici.

Terapia cognitiva. Ogni tipo di terapia utilizza l'approccio che l'influenza come ti senti e come gestisci te stesso. La terapia ti aiuterà a riconoscere i modi di pensare negativi che ti terranno intrappolato. Impari a riconoscere i pensieri negativi subconsci come: "Non faccio mai niente di giusto" "Il mondo è sempre contro di me" "Se non eccello tutto il tempo, sono un fallito". Impari come cambiare le tue emozioni e questo può portare le migliori abitudini. Può anche aumentare l'autostima e la fiducia. La cura cognitivo-comportamentale incorpora modelli di comportamento con tecniche di terapia cognitiva.

EMDR (ritrattamento della desensibilizzazione del movimento oculare). Il terapista in EMDR ti mantiene felice con sentimenti e pensieri su eventi passati che sono angoscianti. Muovi gli occhi avanti e indietro mentre ricordi il caso, di solito seguendo la mano o la penna del consulente. Alcuni trovano questa forma di terapia sperimentale.

Salute mentale per donne / famiglia e consulenza di coppia. La famiglia è trattata dai consulenti familiari come una rete. Piuttosto che un solo uomo, lavora con l'intera famiglia. L'obiettivo è che i membri della famiglia esprimano pubblicamente i propri sentimenti e cerchino modi per cambiare le abitudini familiari negative.

La salute mentale correlata alla terapia di coppia per le donne aiuta le coppie a migliorare la loro capacità di connettersi tra loro. Può aiutare a decidere quali cambiamenti sono necessari nella relazione e nelle azioni di ciascun partner. Quindi entrambi i partner si concentrano sull'apprendimento di nuove abitudini. Esistono varie forme di terapia di coppia.

Salute mentale per donne / Terapia di gruppo. Un piccolo numero di persone (da 6 a 10) incontra regolarmente un terapista nella terapia di gruppo. Esistono molti gruppi di terapia di diversi tipi. Alcuni si stanno concentrando su un problema specifico come la gestione della rabbia. I gruppi di sistema non sono focalizzati su un singolo argomento, ma piuttosto vengono discusse le questioni sollevate dai partecipanti. I gruppi a breve termine si concentrano su questioni che si incontrano per un periodo di tempo limitato, ad esempio da 6 a 12 settimane. Problemi in corso come l'autostima sono discussi dalle comunità a lungo termine.

Terapia di massaggio. L'ansia e lo stress possono essere ridotti dalla massoterapia.

Salute mentale per le donne e cure farmacologiche (medicinali). I farmaci possono aiutare a migliorare il benessere del corpo. Uno psichiatra o il tuo medico possono prescriverli. Il medico lavorerà con te per scegliere con cura il farmaco che fa per te. Sono disponibili diverse forme di farmaci psichiatrici.

• La psicosi o altre condizioni possono aiutare con gli antipsicotici.

• Gli stabilizzatori dell'umore, come il disturbo bipolare, possono essere usati per trattare i problemi dell'umore.

• Gli antidepressivi possono aiutare con ansia o depressione.

• I farmaci per l'ansia possono essere prescritti per trattare i disturbi dell'ansia.

Il farmaco giusto può aumentare i sintomi e rendere più efficaci alcuni tipi di trattamento. I farmaci possono essere utilizzati anche da soli.

Gioca con la terapia. La terapia del gioco consente ai bambini di affrontare i loro giocattoli e problemi di gioco. I terapisti del gioco un bambino a sentirsi più sicuro e meno spaventato.

Terapia della psicoanalisi. Sigmund Freud ha sviluppato questo tipo di terapia. Stai cercando di scoprire i problemi della tua storia che influenzano i tuoi sentimenti, emozioni e abitudini in questo tipo di terapia. Possono volerci anni per questo tipo di terapia. Di solito comporta diversi incontri a settimana. Può essere molto costoso.

Terapia con psicodinamica. Questo tipo di consulenza ti aiuterà a portare in superficie i tuoi veri sentimenti. Se reprimi (dimentichi intenzionalmente) o neghi pensieri, emozioni e ricordi dolorosi, potrebbero comunque influenzare la tua vita. Diventano meno dolorosi una volta che diventi consapevoli di questi pensieri, sentimenti e ricordi repressi.

Terapia in psicoeducazione. Un altro tipo di terapia prevede la formazione del terapeuta piuttosto che parlare al paziente. Imparerai a conoscere le condizioni, le opzioni di trattamento e come possono essere trattati i sintomi. Potresti ricevere informazioni utili da terapisti o aiutare ad apprendere abilità diverse. Lavorano con persone e comunità.

Terapie per il relax. L'ansia e l'ansia possono essere ridotte al minimo trovando modi per rilassarsi. Può anche essere efficace per lo yoga e la meditazione.

La tua guida al fitness e alla motivazione!

Consulenza relazionale con terapia comportamentale emotiva razionale

Albert Ellis ha sviluppato Rational Emotive Behaviour Therapy (REBT), terapia diretta, breve e orientata alla soluzione che si concentra sulla risoluzione di problemi specifici che disturbano un individuo o una coppia in difficoltà nel caso della consulenza relazionale. Il concetto che le nostre emozioni derivino esclusivamente dalle nostre convinzioni è fondamentale per REBT, non dagli eventi che si verificano nella nostra vita. Pertanto, essere sani e razionali è della massima importanza per le nostre convinzioni, poiché le conseguenze di queste convinzioni saranno la crescita emotiva e la felicità. Se le nostre convinzioni sono irrazionali e controproducenti, le nevrosi come l'auto-colpa, la depressione e l'ansia influenzano la nostra vita emotiva. REBT è un processo educativo in cui lo psicologo mostra al paziente come riconoscere, sfidare e sostituire credenze irrazionali con credenze logiche. Nel caso della terapia matrimoniale, le difficoltà emotive e il comportamento fastidioso si riducono una volta che la coppia paziente è preparata con valori positivi.

Ellis credeva che le persone nascessero con il doppio potenziale di processi di pensiero sani e malsani. Ha chiamato il metodo sano pensiero razionale e pensiero irrazionale sulla varietà malsana. Come previsto, il pensiero razionale significa vedere le cose oggettivamente come sono realmente, mentre il pensiero irrazionale distorce la verità interpretando male ciò che accade.

Il fondamento di REBT è la teoria della personalità di A-B-C. La A sta per un evento attivante, di solito un tipo di situazione di vita che è impegnativa. Un esempio di attivazione di un evento potrebbe essere che la sua ragazza abbia "scaricato" un adolescente. La B è una percezione che prende il sopravvento e innesca l'effetto psicologico rappresentato dal C. Se la condanna è infondata (ad esempio, il ragazzo crede "sono un perdente"), è probabile che ne derivino ansia e rabbia. In alternativa, se la convinzione è razionale (ad esempio "Sono una persona di valore"), se la relazione è finita, risulterebbe solo una tristezza temporanea. Al centro della filosofia di Ellis è che la percezione sta innescando l'effetto emotivo, non l'evento attivante. Pertanto, se una persona ha una serie di convinzioni irrazionali, quando vengono affrontati vari ostacoli, è probabile che provi molto dolore emotivo durante la vita. D'altra parte, se le convinzioni di una persona sono valide, gli eventi sconvolgenti della vita possono essere trattati con aplomb. In altre parole, come ti senti è determinato principalmente da come pensi.

Da dove derivano le convinzioni irrazionali dal nostro autosabotaggio? Ellis ha spiegato che durante la nostra infanzia ne stiamo imparando alcuni da altre persone e il resto lo stiamo costruendo da soli. Questo è l'unico modo in cui il passato contava per Ellis: dalle esperienze passate sono stati appresi i nostri valori presenti.

Per la teoria di Ellis, la fonte delle ansie umane, comprese la depressione e l'ansia, sono le credenze irrazionali. Le convinzioni irrazionali tendono a ignorare il bene, esagerare il negativo, travisare e / o generalizzare eccessivamente la verità. REBT insegna che le persone tendono a fare un uso eccessivo di "must", "beni" e "dovrebbero", i

valori controproducenti nei primi anni di vita vengono indottrinati e
diventano più forti quando un individuo li rivisita costantemente.

Quindi quali convinzioni irrazionali nella consulenza relazionale
vengono comunemente affrontate? Forse il più visto è sulla falsariga di
"mio marito deve fare quello che sento che dovrebbe fare". Un'altra
convinzione irrazionale spesso vista nella terapia matrimoniale è: "Devo
avere l'accettazione del mio partner". Secondo la teoria della
personalità A-B-C, l'effetto psicologico è innescato dalla convinzione,
non dal caso scatenante. La sensazione non è normale quando
l'assunzione è irrazionale. Le conseguenze di una credenza irrazionale
potrebbero essere relativamente lievi (ad esempio, procrastinazione),
ma possono anche essere estremamente distruttive, immobilizzanti o
addirittura mortali.

Ellis ha spiegato che per raggiungere la felicità, l'accettazione assoluta
di sé e l'accettazione incondizionata dell'altro sono di primaria
importanza. Le persone sane sanno di non essere perfette e
continueranno a commettere errori, ma si considerano comunque valide.
Come conseguenza del diventare vivi, si considerano preziosi; infatti,
si godono la vita e hanno la capacità di divertirsi continuamente.
L'accettazione incondizionata dell'altro (del partner) è fondamentale nel
caso della terapia relazionale quanto l'auto-accettazione incondizionata.

Ricordando il principio caratteriale di A-B-C, il consiglio di relazione
REBT positivo incorpora i passaggi D, E ed F. La D sta per
controversia: il terapeuta aiuta la coppia a sfidare la convinzione
irrazionale (B). Ellis ha detto che se la coppia dovesse rinunciare alla
propria convinzione, lo psicologo avrebbe chiesto alla coppia se ci fosse
una giustificazione per la convinzione o quale sarebbe il peggior
risultato. Il terapista relazionale può evidenziare convinzioni errate
nella consulenza, ma mostra anche ai consumatori come confutarle al di
fuori della terapia nella loro vita quotidiana. I risultati del contestare e
sostituire le convinzioni autodistruttive con una razionale producono
una filosofia (E), così come un nuovo insieme di sentimenti (F) che non
sono debilitanti.

Mentre REBT sottolinea che la piena accettazione del consulente dovrebbe essere incondizionata, al terapeuta non è permesso sviluppare una relazione calda e premurosa con il cliente. L'unico ruolo del terapista matrimoniale è aiutare la coppia a riconoscere, discutere e sostituire le convinzioni irrazionali con quelle razionali. Di solito il terapeuta non è interessato agli eventi passati che sono la fonte di credenze irrazionali; tutto ciò che importa è sbarazzarsi della credenza presente.

Una buona interazione di consulenza relazionale tra il consulente REBT e una coppia porta a cambiamenti nelle cognizioni di entrambi gli individui. Questo quindi aiuta entrambe le parti a sentirsi bene l'una con l'altra e con se stesse. Il comportamento controproducente viene interrotto, con conseguenti cambiamenti nel comportamento. Tutti i coniugi stanno lavorando per l'accettazione incondizionata di se stessi e per l'accettazione incondizionata degli altri.

Terapia comportamentale dialettica (DBT) vs Terapia comportamentale cognitiva (CBT)

La terapia dialettica comportamentale (DBT) è una metodologia terapeutica sviluppata da Linehan, un ricercatore di psicologia del disturbo borderline di personalità (BPD) presso l'Università di Washington. DBT incorpora la terapia cognitivo comportamentale con principi di approccio da pratiche diverse come i metodi della consapevolezza orientale. L'evidenza ha dimostrato che la DBT è la prima terapia efficace per la diagnosi di BPD. Sono state condotte ulteriori ricerche e sembra essere efficace nel trattamento di persone con disturbi dell'umore complessi come comportamenti autolesionistici. Dopo aver scoperto che altre terapie non hanno successo se usate per la BPD, Linehan ha sviluppato la DBT. Riconobbe che gli individui cronicamente suicidi con cui lavorava erano stati allevati in ambienti invalidanti e che richiedevano l'accettazione incondizionata per stabilire una relazione terapeutica positiva. Ha anche affermato che le persone devono riconoscere e accettare il loro basso livello di funzionamento emotivo ed essere preparate a fare la differenza nelle loro vite.

È estremamente difficile per almeno due motivi aiutare la persona con disturbo borderline di personalità a fare cambiamenti positivi nella propria vita. In secondo luogo, concentrarsi sul miglioramento del paziente, incoraggiando o insegnando nuove strategie di coping, è spesso visto dagli individui traumatizzati come invalidante e può accelerare l'isolamento, la non conformità e il ritiro dalle cure da un lato, o frustrazione, ostilità e assalto all'altro. Inoltre, è anche considerato invalidante ignorare la necessità della persona di migliorare (e quindi non incoraggiare il cambiamento tanto necessario). Un tale approccio non prende sul serio i problemi reali e le conseguenze negative del comportamento del paziente che, in effetti, possono far precipitare l'ansia, la disperazione e il pensiero suicida.

Sono coinvolti due elementi del DBT: 1. Un aspetto individuale in cui terapeuta e cliente affrontano i problemi che sorgono durante la settimana, sono documentati su schede di diario e seguono una gerarchia di obiettivi di trattamento. Di solito, queste sessioni durano 45-60 minuti e si svolgono quotidianamente. Le attività autolesionistiche e suicide hanno la precedenza, seguite da azioni che sono in conflitto con la consulenza. Ci sono poi problemi che riguardano la qualità della vita e il lavoro per migliorare la propria vita in generale. Sia lo psicologo che il cliente cercano di sviluppare l'uso di strategie per mantenere e gestire i sentimenti difficili durante la terapia individuale. L'intera sessione lavorerà verso un ambiente di convalida per il client. Le preoccupazioni, i sentimenti e le azioni immediate dovrebbero essere tenuti in grande considerazione. Viene spesso discusso un gruppo di abilità e vengono affrontati gli ostacoli all'azione abile.

2. La classe, che di solito si riunisce una volta alla settimana per due o due ore e mezza, una volta alla settimana, impara a usare abilità specifiche che possono essere classificate in quattro moduli: abilità di consapevolezza di base, abilità di produttività della comunicazione, abilità di regolazione delle emozioni e abilità di sensibilità al dolore. La stanza dovrebbe essere organizzata con i formatori (di solito due) nella parte anteriore come un'aula. Problemi e sentimenti vengono esplorati e risolti se la terapia di gruppo è pericolosa per la vita o distrae. Ad esempio, se qualcuno si comporta male, questo sarebbe discusso solo se causasse un problema con il gruppo in esecuzione. In caso contrario, verrebbe respinto. L'addestramento delle competenze è condotto attorno a un manuale che fornisce i dettagli del programma da seguire. Offre indicazioni e consigli su come insegnarlo. Contiene anche dispense individuali. Il lavoro di gruppo può includere giochi di ruolo e i compiti a casa sono incoraggiati, come nella CBT.

Impegno I pazienti devono impegnarsi a partecipare alla terapia prima che la DBT possa iniziare. Questo è un esercizio in sé e possono aver luogo diversi incontri. Sia il paziente che il terapeuta si impegnano esplicitamente. Durante tutta la formazione, lo psicologo può prima "giocare duro per ottenere" e portare il cliente a rassicurarlo che il programma è effettivamente giustificato.

Quelli con BPD hanno spesso avuto terapie che non erano gratificanti nel migliore dei casi. È importante confermare il calore che ne deriva e vedere in modo realistico l'ultima iniziativa terapeutica incoraggiante ma anche stimolante. Fino alla consulenza, il tempo dedicato all'impegno è un buon investimento. Allo stesso modo, se la relazione terapeutica diventa instabile o minaccia di interrompersi, è necessario del tempo per mantenere questo impegno. È comune che venga raggiunto un accordo che se per qualsiasi motivo vengono perse tre sessioni consecutive di un tipo, il paziente è fuori dal programma DBT.

Impegni comuni negli Accordi con il paziente DBT o Concordare un limite di tempo per rimanere in terapia o Lavorare per ridurre i comportamenti suicidari o Partecipare a tutte le sessioni di terapia o

Partecipare agli accordi con i terapisti di formazione delle competenze o Fare uno sforzo per condurre una terapia competente o Essere etici e professionali in accordo con il professionista o Mantenere la riservatezza o ottenere il consenso se necessario. L'aspetto individuale è considerato necessario per evitare che impulsi suicidi o problemi emotivi eccessivi influenzino le sessioni di gruppo, mentre le sessioni di gruppo insegnano abilità specifiche del DBT e forniscono anche opportunità per gestire emozioni e comportamenti in un contesto sociale.

Uno dei concetti fondamentali alla base di DBT è la consapevolezza dei quattro moduli. È la capacità di prestare attenzione al momento presente in modo non giudicante. La consapevolezza consiste nel vivere il momento, completamente, ma con intuizione, sentire le proprie emozioni e i propri sensi. È considerato un quadro per le altre abilità insegnate nel DBT perché consente alle persone di riconoscere e abbracciare le potenti emozioni che possono provare mentre mettono in discussione i loro comportamenti o si espongono a circostanze stressanti. Il principio di coscienza e le tecniche meditative usate per insegnarlo derivano dalla pratica buddista convenzionale, sebbene non ci siano elementi spirituali nella versione appresa in DBT.

Efficacia relazionale In molti corsi di assertività e risoluzione di problemi relazionali, i modelli di approccio comportamentale appresi nell'addestramento delle abilità DBT sono molto simili a quelli insegnati. Includono strategie efficaci per chiedere ciò di cui potresti aver bisogno, per imparare a dire di no e per affrontare i conflitti interpersonali. In senso generale, gli individui con disturbo borderline di personalità hanno spesso buone capacità interpersonali. I problemi sorgono quando queste abilità vengono applicate a una situazione particolare. Quando si parla di un'altra persona che sta affrontando una situazione problematica, un individuo può essere in grado di descrivere sequenze comportamentali efficaci, ma potrebbe essere completamente incapace di generare o eseguire sequenze comportamentali simili. La componente relazionale dell'efficacia si concentra su scenari in cui lo scopo è cambiare qualcosa (ad esempio, persuadere qualcuno a fare qualcosa) o prevenire cambiamenti che qualcun altro sta cercando di fare (ad esempio, dire di no). Le abilità apprese hanno lo scopo di aumentare le possibilità di raggiungere gli obiettivi di un individuo in una situazione particolare, senza compromettere né la relazione né il rispetto di sé della persona. Gli individui con disturbo borderline di personalità o individui con tendenze suicide sono spesso emotivamente intensi e labili. Potremmo essere furiosi, irritati profondamente, scoraggiati o nervosi. Ciò suggerisce che aiutare questi clienti a imparare a regolare le proprie emozioni potrebbe trarne beneficio. Le abilità di comportamento dialettico (DBT) per la regolazione emotiva includono: o Identificare ed etichettare le emozioni o Identificare gli ostacoli al cambiamento emotivo o ridurre la vulnerabilità emotiva o Aumentare la consapevolezza emotiva delle emozioni attuali o Intraprendere azioni opposte o Applicare tecniche di tolleranza al disagio Non hanno impiegato tempo per abbracciare, trovare significato e tollerare il disagio. Le terapie psicodinamiche, psicoanalitiche, gestaltiche e narrative, insieme a tradizioni e membri religiosi e spirituali, hanno tipicamente affrontato questa missione. Il trattamento comportamentale dialettico enfatizza la capacità di imparare a sopportare il dolore.

Le abilità nella gestione del disagio sono uno sviluppo naturale delle abilità nella consapevolezza. Hanno a che fare con la capacità di accettare se stessi e la situazione attuale in modo non valutativo e non giudicante. Anche se questa è una mentalità non giudicante, non significa che sia una mentalità di accettazione o rassegnazione. L'obiettivo è essere in grado di riconoscere con calma le situazioni negative e il loro impatto invece di esserne sopraffatti o nascosti. Invece di scivolare nelle reazioni emotive estreme, disperate e spesso dannose che sono caratteristiche del disturbo borderline di personalità, aiuta le persone a prendere decisioni sagge sull'opportunità e sul come agire.

Le abilità di accettazione implicano un'accettazione radicale, rivolgendo la mente all'accettazione e distinguendo tra "volontà" (agire abilmente, da una comprensione realistica della situazione presente) e "forza" (cercare di imporre la propria volontà indipendentemente dalla realtà). I partecipanti imparano anche quattro abilità di gestione delle crisi per aiutare a far fronte a risposte emotive acute e potenzialmente scoraggianti: distrarre se stessi, alleviare se stessi, mantenere il morale e pensare a pro e contro.

CAPITOLO QUATTRO

Trattamento per la dipendenza dal sesso: terapia psicodinamica

A mio avviso, il modo più efficiente per promuovere la crescita positiva della personalità è la terapia psicodinamica a lungo termine. L'approccio più ampio unisce l'empatia, l'intuizione e le capacità interpersonali di uno psicoterapeuta psicodinamico con la struttura in 12 fasi e gli approcci cognitivo-comportamentali di uno specialista.

Cos'è la psicoterapia psicodinamica?

La terapia psicodinamica si concentra principalmente sui deficit psicologici intrinseci dei pazienti piuttosto che sui loro segni di dipendenza. Oltre a compensare e ripristinare le auto-deficienze derivanti da disallineamenti infantili con i primi genitori, può anche essere il trattamento più appropriato per aiutare le persone a far fronte a fattori di stress della vita e circostanze psicologiche debilitanti che portano al desiderio di partecipare a comportamenti sessuali di dipendenza.

Questo tipo di terapia si concentra sul miglioramento dell'autoregolazione e della cura di sé degli individui e sul coltivare la loro capacità di relazioni interpersonali positive. La psicoterapia raggiunge questi scopi incoraggiando la creazione di modi sani per controllare gli stati emotivi del sé, per soddisfare effettivamente bisogni sufficienti, per affrontare i conflitti interni e per prendersi cura di se stessi in una varietà di aree.

Un aspetto importante della psicoterapia psicodinamica è l'incorporazione della personalità del paziente. I dipendenti dal sesso esistono in due mondi; il mondo del lavoro "ordinario" nel corso degli anni e l'atto sessuale nel "mondo segreto". La rottura della personalità fa sì che il dipendente per ciascuna parte della personalità abbia sistemi di valori e obiettivi diversi. La terapia psicodinamica facilita l'integrazione dell'identità mettendo insieme le parti divise, soppresse, dissociate e represse delle funzioni mentali dell'individuo alla luce della coscienza. Alla fine, il dottor Jekyll e il signor Hyde saranno uno.

Alcuni Principi Generali di Focus sulla Terapia Psicodinamica sono focalizzati sull'influenza e sull'espressione delle emozioni. Lo psicologo aiuta il cliente a identificare e mettere le parole nelle emozioni, inclusi sentimenti contrastanti, sentimenti minacciosi e sentimenti che potrebbero non essere immediatamente identificabili dal paziente.

Esplorare i tentativi per evitare sentimenti e pensieri angoscianti.

L'apprendimento allo stesso tempo, ma non l'apprendimento, è il risultato di difese differenti di cui la persona si serve per rimanere inconsapevole. Un aspetto di questo tipo di terapia è che questi evitamenti sono attivamente focalizzati ed esplorati. Il paziente e il consulente eliminano le barriere per portare il contenuto subconscio alla coscienza dove c'è la possibilità di cambiare e adattarsi alla realtà.

Vengono identificati temi e modelli ricorrenti. Le abitudini controproducenti vengono messe al microscopio nelle emozioni, nei sentimenti, nei concetti di sé, nelle relazioni e nelle esperienze di vita dei pazienti.

Nel presente, il passato è vivo. L'esperienza passata, in particolare le prime questioni relative alla famiglia di origine, influisce sulla nostra connessione con il presente e sulla nostra esperienza. L'obiettivo non è solo concentrarsi sul passato fine a se stesso, ma aiutare le persone a liberarsi dalle catene dell'esperienza passata per vivere il presente in modo più completo.

Il trattamento psicodinamico sottolinea l'esperienza sociale dei pazienti. I modelli interpersonali problematici interferiscono con la capacità di una persona di soddisfare i bisogni emotivi.

Esplorazione della vita mentale nel suo complesso. Incoraggia i pazienti a dire qualsiasi cosa ti venga in mente. Il pensiero può variare da voglie, desideri, fantasie, paure, sogni ad occhi aperti e sogni a vari aspetti della vita mentale. Tutti questi sono una ricca fonte di informazioni su come le persone vedono se stesse e gli altri, interpretano e danno un senso alle esperienze, evitano aspetti delle esperienze o interferiscono con la potenziale capacità di trovare facilità, significato nella vita e, maggiore divertimento.

Gli obiettivi di questa forma di terapia vanno oltre il trattamento dei sintomi (sesso compulsivo), ma promuovono anche il positivo della presenza di capacità e risorse interne. Questi possono includere relazioni più appaganti, un uso più efficace dei propri talenti e capacità, mantenere un senso realistico di autostima, tollerare una gamma più ampia di sentimenti forti che agiscono senza, avere esperienze sessuali più soddisfacenti, una maggiore comprensione di sé e affrontare il sfide della vita con maggiore libertà e flessibilità. Tali aspirazioni vengono affrontate attraverso l'autoesplorazione, la scoperta di sé e l'autoriflessione nel senso di una partnership terapeuta-paziente sicura e genuinamente onesta.

Caratteristiche della personalità comuni alle persone dipendenti dal sesso L'attività sessualmente compulsiva trattata nella terapia psicodinamica aiuta a controllare gli effetti fluttuanti, l'autosufficienza e l'autostima. Il sesso distrae dai sentimenti e dai pensieri negativi, contrasta la depressione interna, sostituisce i sentimenti di confusione con un'illusione di potere e aumenta temporaneamente l'autostima.

L'attività sessuale è una forma di automedicazione che può sopportare sentimenti e stati del sé intensi. Esternamente, la dipendenza fornisce ciò che non può essere fornito internamente.

Le persone sessualmente compulsive hanno spesso atteggiamenti narcisistici.

Scarsa capacità di autoregolamentazione, autoefficacia e cura di sé I dipendenti dal sesso tendono a lottare per mantenere le relazioni e sentirsi vicini agli altri.

Problemi nella famiglia di origine in cui sono stati spesso ignorati o puniti per la loro individualità e bisogni.

La vera, autentica personalità aveva bisogno di andare "sottoterra" durante l'infanzia per compiacere i genitori narcisisti; parti della personalità furono poi "scisse" e rappresentate come l'adulto attraverso l'attività sessuale.

La persona colpita alterna tra bisogno / sentimento di privazione e indulgenza sfrenata. Una significativa separazione e una limitata integrazione segnano questa condizione. Il sesso deviante offre un legame tanto necessario senza il "rischio" della comunicazione.

I lunghi incontri sessuali sono considerati privi di emozioni. Abbiamo un punto finale prefissato, nessun vincolo e poco spazio per i conflitti. Inoltre, i partner anonimi non possono facilmente rifiutare il tossicodipendente dopo aver trovato i suoi difetti reali o percepiti.

La maggior parte dei dipendenti dal sesso ha un forte desiderio di dominio e paura di essere debole. Ci sentiamo instabili internamente e siamo vulnerabili alla frammentazione.

I comportamenti sessuali consentono a un senso di controllo, energia, vittoria e onnipotenza di sostituire i sentimenti di impotenza e impotenza nei primi anni di vita. Più probabilmente, un'attività sessuale ritualizzata trasforma la sofferenza in vittoria ed è un desiderio di replicare con l'intenzione subconscia di ripristinare il trauma iniziale dell'infanzia. I matrimoni disfunzionali sono attuati dall'attività sessuale derivante dal trauma.

Le descrizioni di un'esecuzione sessuale e le illusioni che la alimentano sono cariche di significato simbolico e aiutano a comprendere i concetti di conflitto interno guidati dal comportamento.

I frutti della terapia La terapia psicodinamica può aiutare a sviluppare le persone dipendenti dal sesso: una comprensione dei fattori interni alla base del loro comportamento sessuale; migliore autoregolamentazione interiorizzando la cura, il controllo e la struttura dell'ambiente terapeutico; migliore capacità di relazioni interpersonali e sessualità sana; migliore capacità di lavorare a un livello ottimale; Come i sogni, hanno un significato simbolico e aiutano a comprendere la struttura della personalità nel suo insieme.

Applicazione della terapia cognitiva all'anoressia nervosa

L'anoressia è un disturbo causato da una dipendenza da peso e dieta. L'anoressica bramerà cibi con un pubblico target composto principalmente da ragazze adolescenti (80-90%), ma rifiuterà di mangiarlo o mantenerlo a causa di una paura sottostante dell'aumento di peso. Il paziente può smettere quasi completamente di mangiare e negare che il suo comportamento sia insolito e che la salute si stia deteriorando. In genere, anche se è ovviamente in sovrappeso, l'anoressica può dire che "si sente grassa".

Un modello di ritiro sociale, esercizio fisico regolare e abitudini alimentari ritualmente possono descrivere le azioni dell'anoressica. La paura dell'obesità, il modello di depressione e la perdita di fiducia in se stessi segnano il profilo emotivo dell'anoressica. I sintomi fisici includono perdita mestruale e perdita di peso fino al 20-25% del peso corporeo. Una paziente di sesso femminile soffre di anoressia nervosa in base ai criteri diagnostici se il peso corporeo è sceso al di sotto della media al 15% e non ha le mestruazioni da almeno tre mesi. I pazienti maschi sono soggetti agli stessi requisiti di peso corporeo.

I giovani anoressici di solito non possono essere diagnosticati e rifiutano qualsiasi tentativo di terapia. Coloro che cercano un trattamento iniziano lentamente il processo da un punto di vista contraddittorio. Non è un compito facile sviluppare una relazione di collaborazione con un paziente anoressico. È importante che il consulente instauri un rapporto asciutto, educato e onesto con l'anoressica. Un fattore nel determinare la capacità del paziente di affrontare gli aspetti scoraggianti del mangiare e dell'aumento di peso sarà la natura della relazione terapeutica.

La partnership fornisce un mezzo per esplorare le distorsioni cognitive e le sottostanti teorie disadattive che l'anoressica porta nel loro mondo interiore. È fondamentale che il consulente accetti le convinzioni dell'individuo sulla percezione del corpo come autentiche per lei. È inutile tentare di contraddire, criticare o svalutare l'individuo per aver mantenuto ipotesi errate sul peso e sulla percezione errata del corpo. Le donne anoressiche sono abituate a imparare che le loro convinzioni sono illogiche e irrazionali da altri significativi.

L'obiettivo del terapeuta è quello di impegnarsi con il cliente anoressico in un processo di scoperta reciproca dei fatti. Accettando il sistema di credenze del paziente come genuino per lei, possono essere sollevati dubbi sui presupposti cognitivi di base dell'anoressica. Gli individui possono essere motivati a riesaminare i presupposti chiave sulla qualità della magrezza. Alcune linee di indagine potrebbero essere: "È realistico per te accettare questa idea?" e "In che modo la perdita di peso si allinea con altri ideali che ami?" È una nozione cruciale sottolineare che l'assistenza dovrebbe seguire un modello sperimentale. La risposta dello psicologo all'anoressica può essere: "Proviamolo e vediamo cosa sta succedendo". Il trattamento anoressico richiede di mettere in discussione pensieri e valori errati. Ad esempio, quando il paziente esprime comprensione sulla perdita di abilità se aumenta di peso, il terapeuta può aiutarla a sviluppare una definizione di abilità lavorativa che stabilirà un concetto se è influenzata o meno da cambiamenti di peso. Domande come: "Vorresti di più la tua amica se pesasse meno di te?" potrebbe aiutare a entrare nel doppio standard del paziente anoressico.

Può mitigare le potenziali conseguenze dell'incidente chiedendo all'anoressica cosa accadrebbe se le loro peggiori paure si realizzassero. La persona che chiede "magrezza" è ovviamente ansiosa quando si considera "grassa". Il consulente potrebbe chiedere: "Qual è la cosa più terribile che potrebbe accadere se dovessi aumentare di peso?" Ci sono numerose distorsioni cognitive nell'anoressica e devono essere sfidate delicatamente. Distorsioni come il pensiero dicotomico ("Se ingrasso, sarò considerato obeso"), generalizzazioni eccessive ("Non diventerò più sano e la mia dieta non migliorerà mai"), esagerazione ("Aumento di peso sarà più di quanto posso sopportare! ") deve essere esplicitamente, ma rispettosamente indirizzato nella guida. L'anoressica è motivata a condurre esperimenti per testare la validità di particolari pensieri irrazionali. Ad esempio, la persona anoressica può essere incoraggiata a intervistare i suoi amici per le preferenze sull'aspetto fisico, testando la frequenza con cui le persone scelgono un amico in base esclusivamente al merito del peso.

L'errata percezione delle dimensioni del corpo è una caratteristica importante del disturbo anoressico. Alle persone può essere chiesto di reinterpretare ciò che vedono. Queste controargomentazioni che includono l'uso di strategie di riassegnazione come "Se provo a misurare le mie misurazioni, sono come una persona daltonica che cerca di creare il mio guardaroba. Mi affiderò all'obiettività di altri per determinare la mia dimensione corporea reale ". Con l'anoressica, è necessario mantenere un approccio multidimensionale al trattamento, concentrandosi sull'elaborazione delle informazioni, la cognizione e la cura. La maggior parte dei medici ritiene che la condizione anoressica stia effettivamente agendo come una forza stabilizzatrice della famiglia.

• Trattare con gli interessi e gli obiettivi personali dell'anoressica.

• Concentrarsi su questioni di potere, perfezionismo, assertività e indipendenza.

• Affrontare problemi di cambiamento sociale.

• Supporto nelle capacità di problem solving e coping.

Trattare con il paziente anoressico è impegnativo e gli ingredienti necessari richiedono flessibilità e creatività se si vuole che il processo terapeutico abbia successo. La maggior parte dei pazienti anoressici ha a che fare con problemi con l'errata percezione del proprio corpo nella propria vita e potrebbe essere necessario riavviare il processo di terapia durante periodi di forte stress.

Perdita di peso attraverso la terapia cognitiva

Gli individui spesso diventano ossessionati dal processo di perdita di peso. La perdita di peso e il mantenimento del peso potrebbero trasformarsi in un processo compulsivo e rituale. Il fenomeno è stato chiamato il "ciclo di ripetizione" dallo specialista delle dipendenze. Ansia e ansia si intensificano, accompagnate dalla voglia di mangiare, portando all'autoindulgenza e culminando con segni di colpa e rimorso. Quindi il processo di violenza si sta ripetendo. Paradossalmente, coloro che perseguono una ricerca avvincente di perdita di peso che finiscono per sabotare i propri obiettivi.

Pensiero e azione controproducenti continuano a perpetuare il ciclo del mangiare malsano. Nessuna quantità di esercizio o aiuto dietetico risolverà il bisogno degli individui di imparare a reagire razionalmente ai loro modelli alimentari mal adattati. Di solito, i mangiatori patologici sono irritati dall'autoaccusa. Dal modo in cui la persona vede se stessa, viene messa in moto una spirale discendente. I mangiatori malsani si contrassegnerebbero come "grassi" (non se lo sono) e si rimprovereranno per non aver fatto progressi nella perdita di peso. Non è una motivazione efficace per il miglioramento vedere se stessi come un "pidocchio in sovrappeso". Esplorare te stesso per essere meno che ottimale intensifica solo il ciclo di violenza alimentare malsana. L'auto-colpa è una forma di tirannia che tiene al centro del problema.

Molti mangiatori pesanti provano rabbia che è stata contrastata. Invece di concentrare la loro frustrazione alla radice dei loro problemi, si indeboliscono interiorizzando la loro rabbia e volgendola a se stessi mangiando in modo malsano. Possono essere irritati dall'esistenza condizionata di una relazione, possono avere un membro della famiglia che li ha insultati per il loro peso o possono aver sopportato il rifiuto dell'umiliazione sociale. Abbiamo stabilito un'immagine dispregiativa di sé mentre la fiducia veniva spogliata, il che ha alimentato il metodo alimentare malsano. In genere, il messaggio di auto-incolpazione è: "Suppongo che sia uno sciattone, quindi il meglio che può fare è continuare a dimostrarlo a me stesso". I mangiatori malsani possono intaccare la loro mentalità inadatta e raggiungere i loro obiettivi di peso: o Imparando a reagire razionalmente al pensiero negativo. Ad esempio, invece di pensare: "Non raggiungerò mai i suoi obiettivi di peso, sono solo inutile", si potrebbe dire: "Rilassati e sii paziente, la Roma non è stata costruita in un giorno". o Identificare pregiudizi mentali come catastrofismo, branding, personalizzazione e pensiero in bianco e nero. Un esempio potrebbe essere: "Se non riesce a perdere 5 libbre, potrebbe arrendersi anche questa settimana" (pensiero bianco / nero).

• Invece di essere scortese con te stesso, parla a te stesso nello stesso modo premuroso con un caro amico che ha lo stesso problema di peso.

• Rivedi le prove che supportano le tue affermazioni invece di credere che i tuoi pensieri negativi siano veri. "Se non perde 15 libbre, la gente penserà davvero che sia irrimediabilmente obeso?" o Invece di assumerti la piena responsabilità del tuo problema di peso, puoi valutare i molti fattori che possono aver contribuito ad esso e affrontare questi problemi con il supporto di altre persone.

• Impostare l'agenda in modo razionale. Chiediti: "Quanto vale per lui smettere di mangiare malsano? Quanto è disposto a lavorare su una soluzione razionale?" o Valuta il progresso del mantenimento del peso basato sul processo, lo sforzo che hai messo, piuttosto che le conseguenze. Le tue azioni sono in tuo potere, ma potrebbe non essere il risultato.

• Sostituire un linguaggio meno carico di emozioni. "Non avrei dovuto mangiare l'aiuto extra" può essere ridefinito come, "Sarebbe stato meglio se non ne avesse mangiato nessuno". A volte, le persone verranno introdotte a una dieta che le aiuterà a perdere significativamente il peso in eccesso solo per recuperare il peso. Invece di diete "rapide", un approccio più razionale e pragmatico consiste nel fissare un programma pratico per la perdita di peso. Una perdita di peso costante e incrementale ci consente di adattarci più prontamente ai cambiamenti nelle implicazioni psicologiche della percezione del corpo. Gli obiettivi di perdita di peso devono essere fissati perché preferiamo il cambiamento, non perché gli altri lo vogliono per noi. La sensazione di cambiare o la sensazione che altre persone ci accettino dipende dalla perdita di peso porterà a risentimenti e un senso di impotenza nella nostra ricerca del cambiamento. In alternativa, dobbiamo promettere di imparare la differenza tra l'auto-indulgenza e il rispetto di noi stessi e concentrarci sul portare l'auto-gentilezza nella nostra esperienza quotidiana e scegliere le nostre relazioni sulla base di queste qualità positive.

La perdita di peso nelle major riguarda la specializzazione. Non si tratta di ottenere il pane imburrato. Si tratta di sentirsi bene, incolpare se stessi, pianificare obiettivi, cambiare il proprio stile di vita, stabilire limiti personali e farsi coinvolgere. Le persone che sono insoddisfatte della propria vita hanno maggiori probabilità di indulgere nell'autoindulgenza, di essere compulsive o di dipendenza e di partecipare ad altre abitudini controproducenti come mezzo per prevenire il dolore mentale.

Fare lo sforzo coraggioso per perdere peso comporta un cambiamento radicale nella propria mentalità. Poiché siamo esseri umani, potremmo tutti ricadere, ma quando diamo il nostro personale permesso al cambiamento, i cambiamenti che creiamo nella nostra vita possono essere radicati in un nuovo stile di vita.

Per perdere peso non ci sono segreti. Se ci fosse una soluzione rapida, sarebbe un bene. Lo vogliamo ed è così! Ma come quasi tutte le sfide della vita, anche questo richiede duro lavoro e impegno. Siamo condizionati fin dall'infanzia a presumere che quando siamo manipolati, l'unico modo in cui possiamo adattarci. Pertanto, iniziamo a dubitare del nostro istinto e crediamo che possiamo impiccarci se ci diamo abbastanza corda. La maggior parte delle persone sarà condannata a ripetere uno schema di comportamento controproducente senza esplorare i problemi psicologici che potrebbero innescare problemi di peso. Dobbiamo renderci conto che siamo più del centro del piacere del nostro cervello. Siamo molto di più del lato più oscuro della nostra anima. Molti potrebbero suggerire che se non è intollerante verso i suoi difetti, come imparerà a ispirarmi a cambiare? Il vero cambiamento, tuttavia, avviene solo quando impariamo a rispettare e ad apprezzare chi siamo con tutti i nostri errori.

Terapia di gestione della rabbia

L'essenza della terapia di gestione della rabbia è calmarsi, identificare il vero problema e trovare modi più costruttivi per affrontare il problema. A volte, la rabbia è una reazione secondaria al danno, al tradimento, alla perdita, all'umiliazione, all'ansia o al dolore emotivo. Forse l'individuo nella sua giovinezza non è mai stato adeguatamente addestrato all'autocontrollo, il controllo è stato privato di loro da eventi nel loro ambiente per un lungo periodo di tempo, o un evento inaspettato della vita ha portato alla loro incapacità di rispondere in modo appropriato ai sentimenti. Affrontare la rabbia non significa che la persona non si arrabbierà; sebbene questo possa essere un risultato desiderato a lungo termine. La consulenza in realtà aiuta una persona a identificare il problema o il problema che fa scattare l'acrimonia e quindi fornisce un punto di partenza per una persona per iniziare ad affrontare il problema particolare. Una persona impegnata in una terapia di gestione della rabbia dovrebbe imparare a rispondere in modo appropriato piuttosto che reagire alla propria temperatura.

La rabbia è un tale stato di alienazione. Nessuno vuole essere il peso della tirata di qualcuno. L'autocontrollo civile è importante. Alcuni episodi di rabbia includono atti di violenza, abusi verbali e intimidazioni che causano paura. Le cause di questi eventi distruttivi possono essere trovate nella terapia di gestione della rabbia. Questa condotta sta sicuramente avvenendo in una cultura. A volte è sufficiente esporre la cronologia per arrivare alla radice del problema. Tra gli esseri umani, tuttavia, alle persone non piace aprirsi al giudizio futuro degli altri. Il processo di scoperta può quindi essere complicato. Infine, la pazienza e la determinazione costringeranno una persona ad aprirsi. Una terapia efficace per la gestione della rabbia utilizzerà tecniche trasparenti e sottili per convincere le persone a parlare. "Picchiare qualcuno sulla testa non ha valore e produrrà pochi risultati; se non addirittura nessuno. Il trucco è sostituire la violenza con la sicurezza. Questa non è una vendita facile a una persona aggressiva. La persona ha bisogno di scoprire che una situazione trattati in modo efficiente potrebbe portare a un risultato positivo. Forse, potrebbe essere vantaggioso per tutti. (II Cor. 10: 3-6). Dopo che un pensiero gli viene in mente, una persona può imparare a fare una pausa, prendere una pausa (conta per 10) e decidere la cosa migliore da fare con quel pensiero. Alcune persone, che hanno problemi di autocontrollo, cercano di controllare le azioni di qualcun altro. Apparentemente, questo non funziona. Una politica può consentire a una persona di chiamare i colpi nel a breve termine, o per un periodo di tempo limitato. Tuttavia, dopo un po 'invecchia perché l'elettricità produce più energia. La persona arrabbiata inizia a usare i cucchiaini, poi le tazze, poi i galloni e così via invece di calcolare l'uso di questo potere con un ditale. Perdere il controllo potrebbe portare una persona lungo un pendio scivoloso che potrebbe finire per perdere la sua libertà.

A causa della natura instabile sia del potere che della rabbia, le vittime devono fuggire in queste circostanze o la persona deve cercare attivamente di riguadagnare il proprio autocontrollo attraverso la terapia di gestione della rabbia. Più di una volta, quello che succede è che le vittime se ne vanno. Nuove vittime sostituiscono le vittime passate e il ciclo continua fino a quando un incidente tragico ma evitabile o la persona arrabbiata si rende conto di essere dalla parte dei perdenti dell'equazione. Non solo le vittime, ma anche le vittime sono gli autori. Molte persone non ritengono che gli scoppi violenti abbiano conseguenze fisiche. La rabbia può portare a ipertensione, ipertensione e / o depressione. La cosa strana è che non dipende dal fatto che l'insoddisfazione sia trasmessa o meno. Francamente, mentre la frustrazione dimostrata può essere pericolosa per i sopravvissuti, è pericolosa anche per l'aggressore. Tuttavia l'irritazione inespressa è ancora più direttamente dannosa per l'autore; rendendo il trattamento di gestione della rabbia di questa persona ancora più importante.

In modi diversi dagli scoppi, emergono alcune espressioni patologiche di indignazione. In generale, c'è una fonte di rabbia quando una persona mette costantemente giù gli altri, fa commenti cinici e critica tutto e tutti. Raramente siamo capiti da persone con questi comportamenti come rabbia. Scegliamo di trattare in modo passivo-aggressivo con gli uomini. Tuttavia, di solito non è possibile creare relazioni significative. Pertanto, le persone con pochi, se non nessuno, compagni sono generalmente infelici. E anche se sviluppano una relazione in modo efficace, spesso si degrada in breve tempo. La consulenza sulla gestione della rabbia può essere molto utile per chiunque abbia questi tipi di problemi in un contesto di gruppo; tuttavia, è di particolare enorme valore per l'individuo che è passivo-aggressivo. L'obiettivo è interessarsi alla riabilitazione comportamentale. Ciò significa modificare il modo di pensare di una persona. Le persone arrabbiate parlano spesso in un linguaggio colorato (imprecando o usando frasi molto drammatiche o esagerate). I loro pensieri interiori si allineano con queste parole. Sostituire i pensieri negativi, dispregiativi e pessimistici con pensieri più positivi, riconoscenti e positivi inizierà a ricollegare il pensiero di una persona.

CAPITOLO CINQUE

Terapia della polarità, guarigione e sessualità

Allora, cosa c'è in comune con il genere, la terapia della polarità e la guarigione? L'apparente malinteso è che la nostra sessualità (comportamento sessuale, pensieri sessuali, immagini visive interiori, preferenza e selezione del partner sessuale, definizione del corpo, modello di eccitazione, livello di desiderio, ecc.) Può essere differenziata da chi siamo, cosa proviamo e cosa succede fisiologicamente nel nostro corpo. Il secondo malinteso è che la guarigione avvenga in modo frammentario, che una parte della nostra mente-corpo-spirito possa essere "curata" o modificata senza influenzare nessun'altra parte. Il nostro corpo è un ologramma, che influenza ogni parte e si riflette a vicenda. Il terzo mito è che il successo (buon benessere, matrimonio perfetto, economia perfetta, vita perfetta) equivale al paradiso. Il nostro corpo è una metafora, una rappresentazione fisica dei nostri pensieri, azioni e risposte, che ci mostra a cosa dobbiamo stare attenti, cambiare o imparare. Ricordo di aver sentito parlare di malati di AIDS, dicendo che stavano "guarendo" sul letto di morte. Non hanno curato i loro corpi fisici perché stavano morendo. E hanno guarito qualcosa: forse i loro matrimoni, forse abbracciando l'amore che c'era sempre, forse riconoscendo la loro capacità di prendersi cura, o forse guarendo o lasciando andare il loro senso di controllo e dominio come un semplice essere mortale.

Tocco curativo.

Il tatto è lo sviluppo del primo senso e uno degli ultimi a svanire. Il tatto consente il rilascio di endorfine, ormoni che aiutano ad alleviare il dolore e ci fanno sentire bene. In effetti, il nostro corpo ha un gene, l'ornitisnecoborulasi, che viene attivato solo al tatto.

Studi di psichiatri sugli effetti curativi del massaggio indicano che il tatto riduce gli ormoni dello stress e aumenta i livelli di serotonina, questo è proprio ciò che fanno questi farmaci anti-depressione. Il tocco massaggiante (15 minuti, 3 volte a settimana, 5 settimane) ha dimostrato di alleviare e gestire il dolore, migliorare la circolazione e la respirazione, diminuire la frequenza cardiaca e la pressione sanguigna, diminuire l'ansia e lo stress, aumentare la flessibilità, il rilassamento, l'energia e la consapevolezza del corpo, aumentare l'umore e persino migliorare le prestazioni dei calcoli matematici. La ricerca presso l'Up ledger Craniosacral Institute di Palm Beach Gardens, in Florida, ha dimostrato che la terapia craniosacrale può aiutare i clienti a curare il disturbo da stress post-traumatico, l'emicrania, l'autismo e molti altri disturbi fisici e psicologici.

Guarisce la lussuria.

È stato dimostrato che l'attività sessuale regolare riduce l'ansia e lo stress, migliora l'esercizio e la stimolazione cerebrale, riduce la pressione sanguigna, allevia il dolore, migliora il sonno, aumenta l'immunità, aumenta la longevità e incoraggia esperienze spirituali elevate.

La reazione sessuale naturale si basa sull'interazione di stimolazione seduttiva (suono, vista, gusto, olfatto e tatto) e attività neuromuscolare e vascolare, precipitata e regolata da neurotrasmettitori e ormoni. Il prodotto di una delicata e fragile combinazione di eventi è l'attrazione sessuale, il desiderio, l'anticipazione, l'orgasmo e la propensione al legame.

L'attrazione sessuale è un fenomeno psicologico-emotivo-sensazionale che può funzionare indipendentemente dalla nostra naturale attività sessuale. In altre parole, senza il nostro desiderio di sentire, il nostro corpo potrebbe essere in grado di eseguire sessualmente o possiamo provare desiderio sessuale senza essere fisiologicamente eccitati.

I principali ormoni nel ciclo di erezione del pene sono: attrazione, tendenza e desiderio sessuale verso il legame o DHEA - testosterone dal precursore degli androgeni, feromoni ed estrogeni che stimolano l'eccitazione dell'amigdala nelle donne e negli uomini e o Dopamina - situata nel "centro del piacere" mesolimbico, si presume che aumenti la risposta sessuale, il legame e la monogamia o Vasopressina, un ormone peptidico rilasciato nel ciclo della risposta sessuale.

Un sano funzionamento sessuale richiede segnali neurali del sistema nervoso centrale sufficienti e un equilibrio ottimale all'interno del sistema nervoso autonomo e fluttuante tra risposta allo stress (rilevamento del sistema nervoso) e risposta al rilassamento (attivazione del sistema limbico).

L'eccitazione sessuale (erezione del pene e lubrificazione vaginale) è un fenomeno neuro-vascolare mediato dal sistema nervoso autonomo. Un'adeguata stimolazione del sistema nervoso centrale attiva il riflesso dell'erezione maschile nelle parti S2, S3 e S4 del midollo spinale. Un'adeguata stimolazione parasimpatica innesca il rilassamento della muscolatura liscia e il flusso sanguigno all'interno del pene, nonché l'ingorgo e la lubrificazione del tessuto vaginale femminile.

Gli eventi neuromuscolari sono l'orgasmo e l'eiaculazione. Richiedono la stimolazione del sistema nervoso per attivare i riflessi dell'eiaculazione maschile a più livelli del midollo spinale, i recettori nella pelle del pene, l'attivazione del nervo pudendo che causa la compressione dell'uretra del pene e la costrizione vascolare e le contrazioni muscolari lisce ritmiche, nonché la risposta orgasmica femminile, a risposta simile ma più diffusa che può essere mediata da

La terapia della polarità guarisce Il dottor Randolph Stone ha creato un sistema completo di guarigione, terapia della polarità, che ci consente di identificare, apprezzare e incorporare processi di guarigione interni ed esterni. Il dottor Stone ha viaggiato per il mondo, raccogliendo ricerche e informazioni sulla guarigione. Ha studiato chiropratica, naturopata, osteopatica, omeopatica, ayurvedica, teorie e pratiche della medicina tradizionale cinese, la guarigione energetica include l'antica filosofia ermetica, chakra e meridiani, scritture vediche, astrologia e altri insegnamenti e prospettive esoteriche.

Il dottor Stone vedeva il corpo con tutti i suoi dolori e dolori e problemi fisici come una manifestazione dei nostri pensieri e delle nostre convinzioni: "Come pensiamo, così siamo". Vedeva la salute come energia vitale ininterrotta e fluida e la malattia come uno squilibrio e un blocco del flusso energetico. Vide i nostri corpi e le nostre vite, anzi il mondo intero, come un ologramma, intrecciato e riflettente: "Come in alto, così in basso; come dentro, così fuori". Il dottor Stone ha spiegato che la guarigione avviene quando si sono verificati i cambiamenti e le transizioni necessari, prima nella mente subconscia e nella dimensione più sottile e meno densa del campo energetico, e lentamente, scendendo gradualmente nel campo. Ha insegnato gli effetti profondi dei cinque elementi o tattva (etere, fuoco, aria, acqua e terra) e il loro significato psicologico.

Il dottor Stone ha scoperto che tutto ciò che influenza i nostri sensi (tatto, vista, suono, gusto e olfatto) e come trasferiamo e limitiamo i nostri corpi fisici e come comunichiamo con il nostro mondo e tutto ciò che contiene (piante, animali e persone) influisce il campo energetico umano. Ha anche sottolineato la costante espansione e contrazione di yin e yang in tutto l'universo, nei nostri corpi e nelle nostre relazioni con il mondo e le persone in esso.

Come praticanti della terapia della polarità, sappiamo che le nostre mani sono conduttrici di energia, che quando tocchiamo i corpi dei nostri clienti rispondono al nostro tocco così come alla nostra coscienza, e che la mente-corpo-spirito dei nostri clienti ha il suo proprio intelletto e capacità di autoregolazione. I sistemi dei nostri clienti sanno già di cosa hanno bisogno per guarire. In quanto professionisti, il nostro compito è rendere più facile il dispiegamento di questa squisita consapevolezza.

In che modo la terapia della polarità può aiutare i clienti con problemi e relazioni sessuali?

La sezione è iniziata con alcune riflessioni sull'impatto profondamente negativo che ricercatori e terapisti stanno scoprendo man mano che sempre più persone, soprattutto uomini, diventano compulsivamente dipendenti dalla pornografia su Internet. Invece di discutere i problemi della vita attuale, le fotografie di corpi scarsamente vestiti pacificano temporaneamente la depressione, la mente distratta, la paura e l'ansia, fungendo da rinforzo potente quanto le droghe che creano più dipendenza. Le relazioni vengono ignorate e compromesse allo stesso tempo. Un altro problema in questo paese è l'uso per quasi tutti i farmaci prescritti correttamente, dall'alleviare il dolore alla riduzione dell'ansia, all'alleviare la sindrome delle gambe senza riposo. Per i problemi di eccitazione sessuale, le persone ora hanno una serie di piccoli farmaci da assumere oltre a tali accessori come una pompa a vuoto e iniezioni di papaverina nel pene (indipendentemente dallo stato di salute emotiva e fisica della persona, dalla consistenza della sua attività o la natura della sua dieta). Alle donne viene offerto un intervento chirurgico per l'infiammazione vaginale (vestibolite vaginale) ed è possibile una nuova pillola per migliorare il loro desiderio sessuale (indipendentemente dal funzionamento del loro corpo o dalle dinamiche relazionali).

I professionisti della consulenza sulla polarità possono avere un impatto profondo e rivoluzionario sui clienti con problemi sessuali e di relazione. In generale, questi clienti non colgono l'interconnessione olografica tra le loro emozioni, sentimenti, attività fisica, abitudini alimentari, stato emotivo e relazioni. Iniziando con l'analisi del corpo, la postura posturale, il tono della voce, l'espressione facciale, i modelli di tensione muscolare e il contenuto emotivo della narrazione del cliente, il terapista della polarità ha già una certa comprensione dei possibili blocchi energetici sottostanti. Usando la sua comprensione intuitiva, il consigliere di polarità inizierà il processo per calmare il cliente e permettere all'energia di rilassarsi e fluire. Questo processo consentirebbe naturalmente alla ghiandola pituitaria di ristabilire, se necessario, un flusso sano di neurotrasmettitori e ormoni.

Il cliente può scoprire qualsiasi vita passata significativa o traumi fisici precedenti o dilemmi o confusioni emotivi irrisolti in questa vita durante questa fase. Lo psicologo scoprirà quale tattva è più fuori controllo o quale chakra bloccato. Il terapeuta può generare fiducia e apertura nel cliente ascoltando con piena attenzione e onesta intenzione di assistere il processo di guarigione.

I problemi sessuali sono molto personali, privati e spesso mostrano imbarazzo, senso di colpa, umiliazione, confusione, dissonanza cognitiva o rifiuto totale. Consiglio vivamente di lavorare con un terapista sessuale autorizzato e competente in alcune sessioni di consulenza per ottenere una comprensione più completa della natura delle preoccupazioni di un cliente e di come possono essere trattate. Puoi anche lavorare in collaborazione con un terapista sessuale come terapista della polarità, fornire informazioni sulle basi emotive ed energetiche e aiutare il cliente ad aprirsi abbastanza nelle tue sessioni in modo che lui o lei possa portare il materiale appena scoperto a una sessione di psicoterapia per maggiore illuminazione.

In genere, i terapisti sessuali non usano il contatto con i loro clienti. Potrebbero incoraggiare i loro clienti nella privacy della loro camera da letto a fare i compiti a casa con i loro partner sessuali, ma il tocco è solitamente concentrato sull'eccitazione sensuale e sessuale. C'è un'intenzione e un'enfasi diverse nel tocco usato dai terapisti della polarità. I consulenti di polarità contattano i consumatori per assistere il flusso di energia in tutto il corpo del paziente. Non esiste un programma che dovrebbe accadere questo o quello. C'è solo il tocco, che consente all'energia di osservare e muoversi, quindi fluire dove deve andare, a volte incoraggiante.

Perché la terapia cognitiva funziona?

La terapia cognitiva è un approccio sistematico, limitato al momento e pratico con una varietà di disturbi psicologici. La maggior parte dei terapeuti che utilizzano questo approccio utilizza un modello esplorativo di scoperta progettato per promuovere il pensiero disadattivo, le distorsioni cognitive e le credenze sottostanti difettose basate su esperienze precedenti.

I consulenti cognitivi sono interessati a lavorare qui e ora con i clienti. È inutile e dannoso esaminare la propria storia. È uno sforzo inutile cercare e spiegare il "perché" di emozioni, sentimenti e comportamenti. L'esperienza precedente viene discussa solo per quanto riguarda il funzionamento attuale. Dalla propria storia, possono esserci "pulsanti freddi", perpetuando un ciclo di azioni controproducenti. Per presentare la consapevolezza e il funzionamento adattivo, queste credenze sottostanti difettose sono viste come ostacoli.

Questo tipo di terapia include un approccio strutturato concentrandosi su molteplici aspetti del pensiero disadattivo. I pensieri automatici e spontanei sono autodistruttivi di pensieri a flusso libero legati ai sintomi psicologici di un individuo. Ad esempio, coloro che soffrono di attacchi di panico presumono che senza stimoli associati, i loro sintomi emergano in modo incontrollabile. I malati di panico, in altre parole, non associano il loro comportamento ai loro sintomi. Non sappiamo che sia il pensiero dell'ansia di panico che tiene vivi i segni. Durante un incontro di lavoro, una persona può iniziare a sudare, avere palpitazioni cardiache e vertigini. Questa persona può inconsapevolmente dire: "Oh mio Dio, ora nasce di nuovo, certi sentimenti malvagi. Tutti qui devono rendersi conto che sono in preda al panico, che imbarazzo. Trovo la via d'uscita da questo incontro prima di uscire!" gli si potrebbe insegnare come trovare modi razionali per rispondere al suo dilemma. Questa persona direbbe: "Questi sentimenti vengono di nuovo, calma e fai diversi respiri. A volte succederà. Sai, le persone sono troppo occupate ad ascoltare cosa sta succedendo nelle loro vite per essere preoccupate per i miei pensieri. e l'ansia se ne andrà. " L'ansia non ha più il controllo su un paziente fino a quando non capisce che il modo in cui si sente al riguardo definisce il suo io. Una volta che una persona si rende conto che la paura è limitata al momento e i segni sono lievi, si possono fare progressi nel ridurre la condizione e, infine, nel superarla.

I filtri da cui molte persone vedono il mondo sono illusioni percettive. Il pensiero distorto porta a incomprensioni di emozioni, percezioni ed eventi. Ad esempio, la cliente anoressica cerca di decidere che è troppo sovrappeso a causa delle sue lenti sfocate. Sapendo che la sua condizione è focalizzata su una cattiva percezione del corpo, i terapisti comportamentali aiutano il cliente a riassegnare la malattia con il proprio pensiero. Un anoressico in terapia potrebbe essere istruito a dire: "Una delle caratteristiche principali della mia condizione è la mia convinzione di essere troppo grasso. È il mio pensiero annebbiato sulla mia malattia a parlare. Sono molto più del mio corpo, eppure io bisogno di sviluppare modi logici di pensare al mio corpo ". Le allucinazioni mentali includono modi di pensare, come ingrandire le cose, personalizzare le emozioni, usare la ragione emotiva.

I valori disadattivi che portano dal passato al presente sono presupposti sottostanti. Questi sono principi e ideali che generano un'azione controproducente. Questi meccanismi sottostanti emergono come tecniche per trattare con i clienti in terapia. Ad esempio, una persona potrebbe dire: "Dovrei evitare il conflitto a tutti i costi. Potrei ferirmi o arrabbiarmi se non lo faccio". Un pensiero così potente può formare le proprie relazioni e altri modelli comportamentali nel presente.

I terapisti collaborano alle strategie per i clienti e forniscono scadenze per i compiti. Un approccio di consulenza proattivo fa sentire il paziente come se fosse interessato al risultato. I pazienti, non gli spettatori passivi, partecipano alla terapia. I terapeuti utilizzano tecniche specifiche per non toccare il pensiero controproducente del cliente. Tutti i metodi hanno lo scopo di frustrare il ragionamento errato del paziente e fornire approcci più razionali ai problemi.

La terapia cognitiva utilizza un processo di auto-scoperta per portare i pazienti in un viaggio empirico per testare la validità del loro pensiero. Lo psicologo non fa alcuna ipotesi di valore ma lascia che il cliente determini la ragionevolezza del suo pensiero. Poiché i vecchi schemi stanno morendo duramente, ci vuole il coraggio del paziente per lavorare per cambiare il pensiero e il comportamento per essere più auto-soddisfacenti.

Questo modello terapeutico non fa perdere tempo a questioni estranee. L'obiettivo è affrontare i problemi direttamente in modo pratico. È necessario alleviare i sintomi e affrontare le questioni fondamentali. I clienti escono dalla sessione sentendosi sicuri e autodiretti perché la terapia cognitiva fornisce al cliente capacità di coping e discorsi razionali. Gli ex pazienti possono sostenere e migliorare i loro progressi completando il lavoro necessario per la riabilitazione.

La TC è un modello di trattamento di facile utilizzo. È facile capire i concetti e metterli in pratica. Non esiste un programma nascosto mentre terapeuta e paziente iniziano a lavorare su una missione di scoperta dei fatti collaborativa che porta a nuovi modi di vedere i problemi e cambiare il pensiero, i sentimenti e il comportamento. È un modello influente poiché testando le ipotesi e l'utilità pratica di diversi pensieri, sentimenti e comportamenti segue il processo scientifico. È possibile sviluppare test per misurare l'impatto del pensiero e del comportamento ordinari e la sua efficacia. I pazienti possono valutare la validità di diverse cognizioni su base soggettiva. Ad una donna anoressica, ad esempio, può essere chiesto di determinare i suoi coetanei per vedere come si sentono riguardo al loro peso attuale. Quindi le potrebbe essere chiesto di riferire i suoi risultati per la revisione al consulente.

La terapia cognitiva funziona perché si basa sulla comprensione, strutturazione, pratica e centrata sul presente. Questo cerca di aiutare le persone a scoprire i loro processi di pensiero inadeguati e a scovarli. Questo si riferisce a una varietà di condizioni che lo rendono pratico e utile come quadro per modificare il comportamento umano.

Gestire lo stress e la salute mentale per migliorare le prestazioni

C'è così tanto nei media sui livelli di stress e altri problemi di salute mentale (inclusi ansia, attacchi di panico) che è mistificante il motivo per cui così tante aziende e amministratori non fanno nulla al riguardo. È un perfetto esempio di "leadership di struzzo": testa sepolta nella sabbia e rialzata in aria pronta a calciare! Trascurano il loro impatto sulle prestazioni degli affari e delle persone. Alcune ricerche suggeriscono che il costo per pagarlo al cliente è 1,8 volte il valore per ogni giorno di assenza. Si stima che le assenze legate allo stress costino £ 666 per organizzazione dei dipendenti (nel complesso della forza lavoro, non solo per gli assenti). Ulteriori ricerche sugli effetti della salute mentale (compreso lo stress) costano £ 1.000 per lavoratore. Con i manager che si concentrano su prestazioni, risultati, profitto, ecc., Potrebbe aiutare ad allargare le loro visuali per riconoscere i costi e l'impatto dello stress e fare qualcosa per aiutare a ridurre lo stress nei loro team o in tutta l'organizzazione.

Sebbene molte cause o combinazioni possano innescare pressione, il 65% delle persone ha affermato che era dovuto a problemi legati al lavoro. Per uno studio, solo il 29% delle persone pensava che i propri manager stessero facendo qualcosa per contrastare la pressione per evidenziare la mancanza di gestione dell'attenzione per problemi di stress e salute mentale. A peggiorare le cose, il 49% pensava che i livelli di stress fossero peggiori perché hanno perso la fiducia del management.

Gli atteggiamenti dei dirigenti variano, ma è evidente che molti non sono disposti a riconoscere i problemi che possono causare l'attività. Forse alcune persone pensano che "non sono arrivato dove mi sento stressato", o "non è il mio lavoro affrontare i problemi delle persone", o "il mio obiettivo è raggiungere i nostri obiettivi, qualunque cosa accada". Altri sono sotto pressione e si preoccupano di come faranno fronte al risultato. Indipendentemente dal motivo, il 45% dei manager ritiene che non vi siano problemi o preoccupazioni di salute mentale. La stragrande maggioranza dei manager (97%!) Concorda sul fatto che esista una correlazione tra salute e produttività delle persone e l'86% afferma di volere che i propri lavoratori siano più produttivi, ma il 62% dei datori di lavoro pensa che investire nella salute delle persone sia un lusso non può permettersi. Una situazione perfetta per pollo e uova! Vogliamo che le persone diano di più, quindi non possiamo o non li aiuteremo investendo per sentirci meglio in grado di affrontarlo. Il rischio è che niente migliorerà con questo caso. Se ci sono problemi con il personale stressato, prestazioni scadenti, assenteismo, ecc., Non andranno via e continueranno a influenzare la produttività e ad aumentare le sfide della gestione. Si stima che meno del 10% delle organizzazioni abbia una politica sulla salute mentale e coloro che lo fanno solo il 14% concordano sul fatto che è buona.

Continuare con questi atteggiamenti e comportamenti non solo preserva lo status quo, ma può anche portare a problemi legali per l'organizzazione e possibilmente per i singoli manager. Lo stress è ora protetto dalla legge sulla salute e sicurezza sul lavoro, in cui i lavoratori hanno il dovere di diligenza. I manager, tuttavia, vorranno incoraggiare i loro lavoratori e aiutarli a far fronte a qualsiasi fattore di stress migliorando le prestazioni per i risultati positivi.

Non deve costare una fortuna cambiare le cose in meglio e gestire lo stress e la salute mentale. In effetti, molte delle azioni che puoi intraprendere possono essere rimborsate a qualsiasi costo iniziale. Quando la polizia dell'Isola del Nord ha lanciato un programma di seminario sulla consapevolezza dello stress, ha scoperto che i livelli di assenteismo si sono dimezzati! Il primo passo è capire cosa provi per lo stress e il tuo ruolo in esso. Penseresti che sostenere e assistere i tuoi dipendenti faccia parte del tuo lavoro? Stai attento a metterti in gioco perché non senti di sapere cosa fare?

Un buon inizio è aumentare la consapevolezza dello stress tra i manager, le sue cause, le potenziali conseguenze, come rilevare gli effetti collaterali dello stress precoce, come aiutare l'azienda (o i colleghi) e persino come evitare lo stress. Ciò può essere ottenuto mediante sessioni di apprendimento, istruzione individuale e coaching, o riconoscimento di strumenti in linea o materiale di lettura. L'azienda acquisirà una migliore comprensione di come si sentono le persone e se aree o attività specifiche creano pressione eseguendo un audit che può portare a stress. Questo potrebbe accadere in tutta l'azienda, le divisioni o i gruppi. Sono disponibili diverse opzioni di audit e la sfida è esaminarle e selezionare quella che funzionerà meglio per la tua organizzazione e fornirà i risultati.

Incoraggia il manager a trascorrere più tempo con i propri dipendenti e a conoscerli come individui piuttosto che come parte di una forza lavoro. Questo può aiutarci a ottenere un quadro più chiaro di ciò che motiva le persone. Il potenziale vantaggio è che se qualcosa li preoccupa, potrebbe significare che i lavoratori pensano che il loro direttore sia più disponibile.

Se qualcuno arriva al punto di essere stressato o soffre di qualche altra malattia nella categoria della salute mentale, significa che i sintomi sono stati ignorati o ignorati da loro e da altri intorno a loro. È improbabile che si verifichino queste forme di infezione perché sembrano essere il prodotto di condizioni che si accumulano. Quando fa parte della sensibilizzazione tra i manager, è fondamentale convincerli a comprendere la portata dei primi segnali di allarme e dei sintomi che le persone danno mentre creano pressione. Il regista può andare dal cliente per discutere cosa sta succedendo ottenendo questa comprensione. Vorresti impedire che queste cose accadano in un mondo perfetto. L'opzione migliore, tuttavia, è un intervento precoce nel mondo reale quando le cose sono a un livello basso.

Una cosa che la maggior parte delle aziende non riesce a fare è implementare valutazioni delle assenze, che possono aiutare a ridurre la pressione e altri problemi. Questo è un sistema che viene utilizzato dopo un'assenza al rientro di un dipendente. Aiuta a creare un'immagine di quello che sta succedendo, se le malattie sono autentiche e per individuare eventuali schemi nei team o per gli individui. L'esecuzione di queste operazioni ridurrà al minimo l'assenza e fornirà ai lavoratori un modo per esprimere le proprie preoccupazioni.

Il modo in cui i manager e le organizzazioni vedono i problemi di stress e salute mentale si tradurrà in una serie di vantaggi: miglioramento delle prestazioni e della produttività Migliore comunicazione e supporto per i colleghi Ridotto assenteismo Ridotto turnover del personale Riduzione dei costi di reclutamento e formazione Una forza lavoro più positiva, aperta ed entusiasta Stress e la salute mentale non è un problema di cui si occupano i manager. Costa denaro direttamente e indirettamente all'azienda. Investire nei passaggi sopra menzionati non deve necessariamente costare molto, ma gli effetti offriranno un'ampia gamma di vantaggi. Questi possono essere risparmi necessari, efficienza e miglioramenti della produttività. Sicuramente vale la pena affrontare questi problemi?

Suggerimenti su come gestire lo stress

Se parliamo di pressione, pensiamo di non poterla regolare. Questa reazione passiva alla pressione è ciò che mette tutti in un inesorabile circolo vizioso in cui sentono di non avere più il controllo sulle loro vite. Lo stress può far pensare una persona di essere regolamentata se non è così nella realtà. Notare che avrai il controllo sulla tua vita è la chiave per migliorare cosa gestire lo stress.

Suggerimenti su come affrontare lo stress.

Suggerimento numero 1: cambia il sistema di credenze.

Vale la pena notare che il modo in cui ti senti è il modo in cui pensi. Il cervello è più intelligente di quanto chiunque lo riconosca. Parla di pressione come un processo con A-B-C.

Evento di attivazione: tutto ciò che è accaduto nella tua vita ha causato molto stress.

B-Belief System: come viene considerato il fattore di stress? Come lo misuri? Considera gli incidenti significativi come fallimenti o li vedi come piccoli contrattempi?

C – Conseguenza: quali sono le conseguenze del tuo pensiero negativo?

Quando parli di come gestire la pressione in questo processo AB, dovresti tenere presente che la fase più critica è B, il tuo sistema di credenze. Contrariamente alla credenza comune, A non ha un impatto diretto su C., ma B è l'unica cosa che ha un effetto immediato su C. Trovare una soluzione al tuo fattore di stress è un compito quasi impossibile quando sei continuamente impegnato in pensieri negativi. Ti sentirai ansioso, arrabbiato, in preda al panico.

Se ti senti depresso nella tua vita a causa di un fattore di stress, è a causa del tuo pensiero catastrofico. La società nel suo insieme tende a trasformare i disagi in enormi disastri ea fare delle montagne delle piccole colline. Se vedessi il fattore di stress al valore nominale e ti rendessi conto che non hai alcun controllo su nulla, potresti sviluppare meccanismi di coping molto più vantaggiosi.

Ammetto che a volte ci sentiamo sconfitti come se il mondo intero stesse crollando sotto di noi e non possiamo farci niente. Non è vero: possiamo sempre controllare qualcosa, e questo è il nostro modo di pensare. Non sto dicendo che come risultato di un evento scatenante, non ti sentirai mai ansioso o turbato. Quello che sto suggerendo è che devi rimanere fiducioso invece di fare le valigie e rinunciare a tutto. Se una porta si chiude, un'altra si aprirà; fatti strada attraverso la finestra quando decidi di buttarti fuori dalla porta. Abbiamo il potere di controllare se stiamo galleggiando o affondando, e il modo in cui giudichiamo i fattori di stress inizia con tutto.

Allora come guardi i fattori di stress del valore nominale? Dovresti imparare a capire quando il tuo ragionamento è tragico e imparare a razionalizzare le ipotesi infondate che lo innescano. Devi conoscere il tuo eccessivo pessimismo per le circostanze e le esagerazioni del tuo pensiero per riconoscere il pensiero disastroso. Solo perché $ 10 ti sono caduti di tasca non significa che perderai la casa, fallirai e cadrai a pezzi per tutta la vita !! Capire come razionalizzare le teorie infondate che provocano il pensiero catastrofico significa mettere a punto le ipotesi da cui derivano le conclusioni. Quando capirai esattamente cosa ha contribuito alla tua idea, sarai in grado di vedere l'irrazionalità dietro di essa e imparare a razionalizzarla.

Suggerimento numero 2: rimuovi i pensieri accumulati

Quante volte hai ingoiato cose che ti rendevano triste, e poi un giorno devi distruggere ... ea volte nelle persone sbagliate o sbagliate? Questo è molto normale e popolare, ma è anche molto dannoso per la tua salute mentale e fisica. Impara a esprimere le tue emozioni, le tue speranze, le tue aspettative e la tua infelicità. La comunicazione è la chiave per ridurre lo stress e imparare a farcela. Riconosci il fattore di stress mentre interagisci e ti aiuta a sviluppare un piano per ridurre il fattore di stress. Se mantieni le emozioni accumulate per molto tempo, costruiranno dentro di te montagne e muri che non sarai mai in grado di abbattere, riflettendo sulla tua personalità, motivazione e stato d'animo. Le emozioni accumulate ti faranno sentire arrabbiato, nervoso, impotente, irrequieto e molto impaziente. Quando costruisci tutti i tuoi sentimenti e non permetti mai che vengano espressi, sarà quasi impossibile identificare i tuoi fattori di stress poiché avrai tanti fattori di stress in competizione in competizione per lo spazio. Così spesso accumuliamo così tanto che nei fattori di stress della nostra vita quotidiana, perdiamo noi stessi.

Suggerimento n. 3: impara a dire NO !!

Quanti di voi hanno difficoltà a dire di no? Sei a loro disposizione e chiama, non importa quanto fastidio ti crei, non importa ciò che qualcuno ti chiede. Questo non è uno stile di vita sano perché stai accumulando sentimenti di frustrazione dicendo di sì tutto il tempo. Sai cosa succederà in tempo? Proverai risentimento per la persona a cui senti di non poter dire di no perché non hai più il controllo della tua vita e di ciò che ti rende felice. Permetti alla tua vita di essere governata da qualcun altro. Se sei mentalmente depresso e fai continuamente cose contro la tua volontà, lo stress ti divorerà più velocemente di quanto tu possa contare fino a tre.

Suggerimento n. 4: tieni un diario.

Per imparare a gestire lo stress, questo è un passaggio cruciale. Scrivi tutto quello che è successo durante il giorno in un diario ogni sera prima di andare a letto. Scrivi cosa ti ha reso felice, cosa ti ha reso triste e i tuoi obiettivi. Scrivi il tuo diario alla fine della giornata o alla fine di questo mese. Questa è la chiave per imparare a gestire lo stress perché saprai molto presto che spesso indulgiamo in pensieri catastrofici quando i fattori di stress si verificano nella nostra vita, e crediamo in quel momento che sia la fine del mondo. Tuttavia, se rivalutiamo i giorni di stress o forse i mesi dopo, qualcosa cambia: il fattore di stress che inizialmente ci sembrava una tragedia ora sembra molto piccolo e banale. Tenere un diario non solo ti consente di identificare il tuo pensiero catastrofico e sviluppare un piano per giudicare i fattori di stress al valore nominale, ma ti consente anche di comunicare le tue emozioni sul pezzo di carta: rilasci tutti i sentimenti che hai costruito tutto il giorno lungo.

Suggerimento numero 5: imposta il rilassamento

Tempo Permetti alla tua mente di recuperare tempo. Proprio come puoi solo correre così lontano, prima di ragionare, il tuo cervello può essere forzato solo fino a un certo punto. Se non programmi un momento per il relax e permetti alla tua mente di riavvolgere, svilupperai rapidamente sentimenti di ansia, frustrazione, panico e, soprattutto, avrai molte più probabilità di impegnarti in pensieri catastrofici!

CAPITOLO SEI

Una guida alla gestione dello stress e dell'ansia

La maggior parte delle persone vive con tassi di ormoni dello stress cronici da moderati ad alti, che contribuiscono a condizioni come ansia, ipertensione, mal di testa e disturbi digestivi. Fortunatamente, la quantità di stress nella tua vita può spesso essere ridotta al minimo modificando il tuo stile di vita, ad esempio cambiando lavoro, imparando a essere più assertivo o preferendo i mezzi pubblici invece di un pendolarismo nervoso.

Ci sono molti modi per affrontare lo stress. Alcune tecniche di gestione dello stress sono principalmente esterne, ovvero si concentrano sulle azioni e sul tuo corpo. È essenziale fornire un ambiente confortevole nella tua casa. Circondati il più possibile di cose belle e rilassanti, a seconda dei tuoi gusti. È positivo quando sei particolarmente depresso avere almeno una stanza in cui puoi andare.

Potresti volere bellissimi incensi o candele, immagini, musica, comodi cuscini e una sedia in questa stanza e oggetti di hobby per aiutarti a rilassarti (libri, articoli per maglieria, cruciverba, ecc.).

Puoi usare l'aromaterapia sia all'interno della tua casa che ovunque tu vada. Per scopi diversi, potresti volere una guida ai migliori profumi, oppure puoi scegliere di andare con le tue preferenze. Se sorridi con cocco o lampone maturo, includilo nel tuo pacchetto antistress. Forse una particolare colonia ti ricorda come tua nonna un membro della famiglia preferito. Poiché l'olfatto è la sensazione più strettamente associata ai ricordi, può portarti in contatto con quei sentimenti passati familiari.

La base per la gestione dello stress è una corretta alimentazione, esercizio fisico regolare e un sonno adeguato. Se il tuo corpo non riceve i farmaci di cui ha bisogno, non sarà in grado di far fronte agli ormoni dello stress, il che provocherà danni più significativi. L'esercizio fornisce alle cellule ossigeno aggiuntivo, consente al sangue di fluire più velocemente, eliminando così le tossine e, se svolto regolarmente, rilascia le endorfine "sentirsi bene". La maggior parte delle persone opera con un persistente deficit di sonno; questo può essere una causa di stress da solo. Altri fattori di stress rendono più difficile raggiungere il sonno, in particolare un sonno profondo rinfrescante. Molti approcci non prevedono l'uso di farmaci per aumentare il sonno. Un metodo pratico consiste nello stabilire e utilizzare un programma di sonno per aiutarti ad andare a letto ogni sera all'incirca alla stessa ora.

Nel senso di religione o gruppo di supporto, l'interazione sociale aiuta anche a gestire lo stress. È più probabile che gruppi come questi siano di supporto e incoraggianti rispetto ai gruppi puramente sociali. Quando ti capita di incontrare un gruppo con tensione, disaccordo, discordia o altre caratteristiche che causano stress, trova un altro gruppo! Puoi trovare un gruppo di persone con cui relazionarti se vivi lontano dalle altre persone. A differenza degli incontri faccia a faccia, i gruppi online possono essere utili; tuttavia, quando ti unisci a un gruppo online, esercita la massima cautela. Assicurati di conoscere tutte le informazioni sulla sicurezza e la protezione su Internet.

Oltre a questi approcci "esterni" alla gestione dello stress, ci sono molti metodi "mentali" che si concentrano sul cervello. Prima di tutto, esamina e confronta il tuo atteggiamento, il tuo sistema di credenze e i tuoi processi di pensiero con la realtà (questo è un processo complicato e puoi scegliere di chiedere aiuto). Ad esempio, sembreresti molto negativo? Penseresti di essere una vittima delle circostanze e dei capricci degli altri? Cerca gemiti, autocompassione e sentirti impotente, senza speranza, depresso e commosso. Molte persone spesso si sentono vittime. È quando il punto di vista della vittima diventa una routine che si aggiunge al tuo carico di tensione.

L'intensità della risposta del tuo corpo a un fattore di stress percepito dipende da due cose: il fattore di stress stesso e la quantità di rischio percepita. Immagina di fare un errore al lavoro e di vedere il tuo capo avvicinarsi. Quando pensi: "Pensa che io l'abbia fatto e mi licenzierà. È la cosa peggiore che mi sia potuta succedere. Non c'è da stupirsi che non riesca mai a tenermi un lavoro", allora gli ormoni dello stress saranno un inondazione zampillante!

D'altra parte, quando pensi "questo è stato un errore minore, e lo compenserò. Il mio altro lavoro è generalmente buono. Potrebbe essere pazza, ma andrà tutto bene", allora potresti avere un flusso di ormoni dello stress. I tuoi comportamenti, valori e modi di pensare sono come un paio di occhiali attraverso i quali vedi il mondo.

Fortunatamente, questi occhiali possono essere cambiati. Ci vogliono tempo e impegno, ma puoi scegliere di pensare al futuro in modo positivo, avere una visione realistica della probabilità di eventi avversi e distaccarti dagli effetti degli stati d'animo, dei processi di pensiero e delle azioni degli altri. Queste sono le tecniche di gestione dello stress a lungo termine.

Gestire lo stress nella tua vita sessuale

Con le sempre crescenti richieste di lavoro e famiglia nelle nostre vite troppo impegnate, oberate di lavoro e sovraffollate, lo stress non può essere evitato come è ovunque. Durante la vita quotidiana, la maggior parte delle persone si sente stressata e non tutte possono sopportare stress e sforzi molto rapidamente. La pressione incontrollata è un killer della libido certificabile in quanto provoca un cocktail di sintomi spiacevoli che vanno da ansia nervosa, indecisione, insonnia, indigestione, tensione muscolare e irritabilità.

Il cervello è stato definito l'organo sessuale più erogeno del corpo umano e il suo effetto sulle prestazioni sessuali non può essere sottovalutato. È la risorsa più potente nel tuo arsenale di genere ed è molto fondamentale per il tuo successo nel mantenere una vita sessuale appagante. Sfortunatamente, la pressione ti farà perdere in parte o il completo controllo del tuo cervello e, una volta che ciò accade, la tua abilità sessuale inizierà a diminuire. Ognuno è diverso, tuttavia, quindi sei il miglior giudice di ciò che ti causa stress, ma ha più o meno lo stesso impatto sul sesso: una vita sessuale in diminuzione.

Dal punto di vista riproduttivo, lo stress a piccole dosi può essere utile quando si affrontano condizioni di alta pressione, come un evento di lavoro, un discorso o una vittoria in gara. Può anche favorire una buona vita sessuale a questo basso dosaggio. Pressione a lungo termine, tuttavia, innescata da eventi che alterano la vita come la morte di una persona cara, il divorzio, la perdita del lavoro o problemi finanziari, la rabbia e il risentimento o persino il trasferimento in una nuova città.

Il corpo aumenta naturalmente i livelli di cortisolo e adrenalina quando siamo nervosi, due ormoni che aiutano a preparare il corpo a un evento stressante. Tali ormoni salvaguardano i nostri stili di vita; tuttavia, l'eccesso può diventare catabolismo che colpisce il sistema immunitario in quanto scompone le riserve corporee di grasso e proteine da utilizzare per l'energia acuta e le risorse di risposta immunitaria. Inoltre, lo stress cronico può portare a un catabolismo cronico che non è solo una delle principali cause di malattie cardiovascolari e invecchiamento precoce, ma può anche inibire gravemente le funzioni, il testosterone, rendendo quasi impossibile rafforzare e costruire muscoli per godersi una vita sessuale sana

Uomini e donne stanno affrontando la tensione in vari modi. Quando un uomo era stressato, a volte si sente più costretto riguardo alla sua disponibilità a compiacere il suo partner e più suscettibile all'ansia per le prestazioni sessuali. Il suo sistema di combattimento o fuga porta al reindirizzamento del flusso sanguigno agli arti. Questo è spesso il motivo per cui la maggior parte delle persone trova difficile raggiungere e mantenere un'erezione.

D'altra parte, sentendosi lunatiche ed esauste, le donne tendono a rispondere allo stress in modo diverso. La pressione delle donne contribuisce anche alla produzione di ossitocina, con conseguente riduzione del testosterone libero circolante nel corpo. Questa reazione a catena ormonale rende anche le donne meno fisiologicamente pronte per il sesso.

Lo stress non solo provoca depressione, compromissione delle prestazioni sessuali e impotenza, che a sua volta può portare a una bassa autostima e mancanza di fiducia, ma i farmaci comunemente usati per trattarlo, come i farmaci ansiolitici, tendono a deprimere la libido e inibire desiderio. Invece di usare la medicina per gestire lo stress, tuttavia, un approccio più sano e olistico potrebbe essere quello di impegnarsi in attività che aiuteranno a lenire e calmare le tue emozioni con te e il tuo partner.

È interessante notare che è qui che il miglior consiglio torna utile, anche se può sembrare fuori luogo. E questo sarebbe indulgere nei piaceri del sesso con il tuo amico. Questo perché ogni volta che un orgasmo batte la pressione.

Il sesso è un efficace antistress attraverso vari studi che possono aiutare te e la prospettiva di vita del tuo partner. Si può dire che il sesso stesso, a seconda della frequenza e dell'impegno durante l'amore, sia un attore. E come ogni esercizio regolare, vengono rilasciate endorfine (chiamate ormoni del "benessere") che, insieme ai tocchi calmanti della respirazione profonda, aiutano ad alleviare gli effetti fisici e psicologici dello stress. Usare il sesso a tuo vantaggio in quanto può anche rinfrescare la mente, il corpo e lo spirito nella lotta contro la pressione.

Se non hai voglia di fare sesso, però, dovresti assicurarti di non ritirarti dalle espressioni di affetto. Tu e il tuo partner dovete avere più contatto fisico, baciare, abbracciare, coccolare e tenervi per mano durante i periodi di stress. Si trasforma in modi piacevoli per nutrirsi a vicenda.

Il relax è ogni giorno, in qualsiasi momento, il miglior antidoto allo stress. La chiave per reindirizzare il flusso sanguigno ai genitali è il rilassamento per gli uomini. Una dichiarazione di Ian Kerner, autore di He Comes Next, spiega meglio il valore del tempo libero nella gestione dello stress, poiché afferma che "se lo stress previene l'erezione, è giusto che il rilassamento faccia il contrario. Incoraggia l'anticipazione". Sebbene inizialmente possa essere impegnativo, prova a fare tutto il necessario per cambiare l'umore da uno di stress e tensione a un ambiente più divertente e piacevole. Ammorbidisci le tende, metti della musica per migliorare l'umore, balla nudi l'uno con l'altro e magari fai un bagno di bolle dopo. Dai e ricevi un buon massaggio dal tuo partner mentre entrambi pratichi la respirazione profonda mentre calma i muscoli.

In definitiva, l'esercizio, come il sesso, è una lotta contro la pressione. Impegnarti più volte alla settimana in alcune attività cardiovascolari ti aiuterà a gestire meglio lo stress. L'esercizio aiuterà anche ad aumentare il flusso complessivo di sangue, energizzare e pompare alcune di quelle endorfine "sentirsi bene" nel flusso sanguigno.

Suggerimenti per ridurre lo stress delle tue emozioni

Le emozioni possono essere ridotte all'amore e alla paura in due categorie. La paura è la fonte del disagio emotivo. La paura emerge se ti senti minacciato da una risposta. Le risposte alla paura includono sentimenti come paura, rabbia, risentimento, odio, impotenza, dolore, dolore, depressione e una miriade di altre emozioni.

Lo scopo di questo capitolo è fornire suggerimenti rapidi ora e straordinari per affrontare lo stress emotivo. Conoscere i particolari schemi di stress che ti influenzano è utile. Una volta capito dove sono gli schemi di stress, puoi sbarazzarti di questi schemi.

Suggerimento n. 1: osserva i segni che il corpo ha un sistema di allarme preventivo per lo stress emotivo. Puoi identificare rapidamente le condizioni emotivamente stressanti studiando i modelli dei sintomi di stress nel tuo corpo. I sintomi variano da persona a persona, ma, in ognuno di noi, sembrano essere coerenti. Eri sensibile a mal di testa, mal di schiena e stomaco? Forse tra le tue braccia, gambe, pancia, addome o cuore, senti tremore. Anche i cambiamenti di temperatura come il caldo e il freddo, le mani sudate e i piedi possono indicare che in una situazione qualcosa non va.

Quando riconosci le tue reazioni corporee uniche allo stress, puoi agire per affrontare i segni dello stress emotivo precoce prima che la risposta diventi travolgente o si deteriora, o prima di dire o fare qualcosa di cui ti penti.

Le emozioni non sono né cattive né buone; sono un meccanismo di allerta precoce che ti avverte del rischio. Ha bisogno della saggezza per ridurre lo stress dei problemi emotivi. Fai attenzione a non trascurare, criticare, desiderare o curare i tuoi sintomi psicologici. Questo è il primo passo per comprendere la riduzione sensibile dello stress e agire.

In una situazione che ti avverte del rischio, il cervello, sulla base di esperienze precedenti, rileva segni sottili. Invia un segnale immediato al sistema nervoso quando qualche componente in una situazione ricorda al corpo un rischio incontrato in passato. La reazione alla pressione rende il corpo rilassato e pronto a correre per il combattimento. Questa è la tua risposta a "battaglia" o "corsa". La risposta attiva il tuo sistema nervoso in modo che tu sia fisicamente pronto ad affrontare la situazione pericolosa.

Anche quando il pericolo riguarda un terrore emotivo, il corpo prepara una risposta fisica. Paura dell'inganno, mancanza di riconoscimento, di commettere un errore o altri sentimenti carichi di emozioni che richiamano la risposta di preoccupazione fisica. Prima capirai la tua reazione alla paura, meglio sarai in grado di affrontarla e calmare il tuo corpo. Consuma il corpo mentre è in allerta per lunghi periodi. Lo strappo emotivo a lungo termine e l'usura sono alcuni esempi di mal di testa, ulcere, malattie cardiache, mal di schiena, stanchezza cronica, fibromialgia e sindrome dell'intestino irritabile.

Suggerimento n. 2 - Affrontare la paura sottostante. Poni le domande: "Di cosa ho paura?" e "Come penso che qualcosa sia al di fuori del mio controllo nella situazione?" Ad esempio, se hai paura di commettere un errore in una situazione, puoi chiedere aiuto, aggiornare le tue abilità in quell'area leggendo o esercitandoti, o consolarti ricordando tutti i bei momenti in cui hai svolto questo lavoro.

La paura sottostante non è evidente a volte. Valuta gli elementi della situazione. Alcuni o tutti questi elementi sorgeranno quando ti senti stressato altre volte? C'è un tipo comune di personalità o circostanza che ti sottolinea costantemente? Controlla i modelli. Questi possono essere suggerimenti per smascherare le paure nascoste.

Inoltre, il fattore di stress iniziale è un ricordo dell'infanzia che il corpo sta ancora segnalando come una situazione spaventosa, anche se da adulto puoi gestirlo interamente. La risposta allo stress potrebbe non sembrare razionale in queste circostanze, ma il tuo corpo ti invia segnali di stress.

Perché funziona Siamo esseri abitudinari. Il condizionamento del passato inibisce la libertà di scelta. Essere consapevoli dei modelli di abitudine è il primo passo per sbarazzarsi di questo condizionamento.

Suggerimento # 3— Ristabilire il controllo interno. Respirare profondamente, sentire i piedi per terra. I primi passi per rendersi conto che hai il controllo sulle tue reazioni e sulle tue scelte nella situazione sono prendere il controllo della tua energia e del tuo terreno. Potresti non avere il controllo di un cambiamento nel tuo incarico di lavoro, ma potresti essere in grado di controllare la tua scelta di come affrontarlo e come pensare o sentire riguardo al cambiamento. Ogni crisi apparente ha anche l'opportunità di imparare qualcosa di nuovo o provare qualcosa di nuovo.

Perché funziona Ci sono fattori come la respirazione, il pensiero, il sentimento e l'azione personale al di là del tuo comando in qualsiasi situazione. Quando inizi a concentrarti sul controllo della tua risposta emotiva, le cose al di fuori del tuo controllo diventano più gestibili emotivamente.

Suggerimento n. 4: tocca quello!

Un modo pratico ed efficace per affrontare lo stress emotivo è fare affidamento sui livelli di digitopressione. Sensitive Freedom Technique è semplice, efficace e la migliore tecnica che ho trovato per la riduzione immediata della pressione.

Questa tecnica ha quattro parti: identificare il sintomo o il fattore di stress e la sua intensità, impostare il problema, toccare i punti della digitopressione e integrare la risoluzione. Alla fine di questo capitolo, è possibile accedere a un video dimostrativo di tali misure sul sito Web.

Passaggio 1: identificare il fattore di stress specifico: tensione della spalla destra, tremore addominale. Assegna un numero di scala 0 (basso) -10 (alto) che indica il livello di intensità che provi.

Passaggio 2: impostare il problema: toccando il bordo del palmo (su entrambi i lati, dove taglierai la tavola da karate), dì (ad alta voce se possibile): "Mentre ho questo (nomina il problema specifico), mi sostengo completamente e completamente." Ripeti la frase tre volte.

Passaggio 3 - Tap Points 'parte superiore della testa (area fontanella), sopracciglio, lato dell'orecchio, sotto l'occhio (tutti i punti della zona degli occhi sull'osso orbitale), sotto il naso, scanalatura del mento, clavicola, lato il corpo (circa 2 pollici sotto l'asse). Spesso la pressione è passata o è possibile eliminare semplicemente la pressione sui punti del viso / corpo. In caso contrario, usa il pollice, l'indice, il medio, il bambino per fare clic sui punti del dito (il lato del dito sul punto in cui l'unghia e la pelle si incontrano). Usa entrambi i lati del corpo, entrambe le gambe. Rivaluta il tuo livello di intensità.

Passaggio 4 - Integra la risoluzione - Usa quattro dita per toccare la scanalatura sul dorso della mano tra le nocche dell'anulare e del mignolo mentre esegui questi movimenti: chiudi gli occhi, apri gli occhi senza muovere la testa - guarda bene a sinistra ea destra, alza gli occhi in senso orario e antiorario, agita brevemente, conta fino a 5 e agita rapidamente. Rivaluta il tuo livello di intensità.

Fino a quando la risposta allo stress fisico non si attenua, puoi eseguire queste azioni molte volte. Potresti voler saperne di più su questo approccio e lavorare con un consulente per utilizzarlo con maggior successo.

Perché succede Siamo esseri di potere. L'energia viaggia attraverso i meridiani dei fluidi del corpo. Questa è la base per le terapie di agopuntura e altre forze. Hai una reazione fisica o emotiva quando l'energia è intrappolata. Toccando alle giunzioni di questi meridiani allenta la tensione intrappolata in modo da farti sentire più rilassato.

Lo stress emotivo prosciuga le forze e fa stancare il corpo. I modi onnipotenti per ridurre lo stress emotivo sono essere consapevoli dei primi sintomi fisici dello stress emotivo, considerare la tua paura sottostante, prendere il controllo di te stesso e toccare i tuoi meridiani energetici.

Perdita di peso e gestione dello stress

Il fatto

Sottolinea la verità con una sensazione orribile. Rende difficile la concentrazione, fa battere il cuore e ti fa sentire fuori controllo. Lo stress ci colpisce mentalmente ed emotivamente, ma anche fisicamente.

Il tuo corpo rilascia l'ormone cortisolo quando sei stressato. Il cortisolo viene prodotto naturalmente durante i periodi di maggiore consapevolezza nel corpo umano. Tuttavia, può causare aumento di peso e gli effetti negativi sulla salute del cortisolo sono prodotti in eccesso a causa dello stress.

Alti livelli di produzione di cortisolo possono provocare grasso addominale. Il grasso in eccesso è estremamente malsano nella regione addominale. Può metterti a rischio di infarti, ictus e livelli di colesterolo più alti.

Per perdere peso e migliorare la salute, diminuire la pressione. Questo può essere detto più semplicemente di quanto ottenuto a volte. Ma con le giuste strategie per alleviare lo stress, tutti possono ridurre drasticamente i propri livelli di stress, ridurre il grasso e migliorare la salute generale. Inoltre, quando si cerca di perdere peso e vivere in modo sano, la pressione è controproducente.

Gestire lo stress

Resta organizzato

A volte, quando sei consumato da tutti i compiti e le responsabilità che devi sostenere; sembra impossibile evitare lo stress a casa o al lavoro. Ma organizzare le tue responsabilità può ridurre significativamente la quantità di peso che provi in un giorno.

Tieni un elenco di attività e scadenze rilevanti. Organizza le tue attività il più possibile e fissa le scadenze il più urgenti possibile. Mantenendo e controllando gli elenchi di to-dodo, puoi rimanere organizzato senza paura per tutto il giorno o perdere qualcosa di importante, come archiviare il documento al lavoro o andare a prendere tuo figlio dagli allenamenti di calcio.

Designare un tempo tranquillo

Indica un momento tranquillo Bambini che urlano, cani che abbaiano e il traffico possono creare livelli di rumore travolgenti che il nostro cervello trova difficile da affrontare e che possono causare stress. A volte questi disturbi al rumore possono essere inevitabili, ma hai ancora il potere di decidere da solo il momento della calma. Che sia la mattina presto, durante la pausa pranzo o la sera, puoi trovare un momento per rilassarti con il tuo programma.

Elimina tutte le distrazioni dal rumore spegnendo il cellulare, la radio o la TV. Fai sapere a chi ti circonda che ti stai concedendo un po 'di calma e che non ti disturberanno. La quantità di tempo che spendi, forse 15-30 minuti, non deve appartenere, ma deve essere silenziosa.

Usa questo tempo per chiarire la tua mente. Che tu stia meditando o semplicemente rilassandoti, lascia andare lo stress. Cerca di non pensare al lavoro, all'istruzione, alle faccende domestiche o ai doveri. All'inizio sarà difficile, ma questo piccolo momento di tranquillità ogni giorno ti gioverà mentalmente, emotivamente e fisicamente. Dopo aver trascorso il tempo tranquillo della giornata, ti sentirai riposato, concentrato e avrai l'energia necessaria per essere abbastanza sano da finire la giornata.

Trova un posto che ti ispira

Trova un posto che ti incoraggi ad avere più effetto sul mondo e sulla comunità di quanto pensi. Solook per un posto che ti ispira e visita quel posto per rinfrescare la tua mente e rinnovare il tuo spirito il più spesso possibile. Che si tratti di un parco, un giardino, una spiaggia, un luogo sacro, la casa di un amico o uno spazio a casa tua, trova il posto per farti sentire felice. Visita questo posto per coltivare lo spirito di serenità se ti senti stressato o sopraffatto. Puoi scegliere di allenarti, leggere, meditare o uscire da questo posto. Non importa cosa vuoi fare lì finché sei motivato.

Lascia che questo luogo ispiri anche nuove idee e pensieri. Potresti non sapere quanta pressione le routine e gli orari quotidiani siano monotoni. Otterrai ispirazione da nuove esperienze, nuovi pensieri e nuova energia visitando un luogo che ti ispira.

Elimina lo stress

Tutti noi abbiamo cose nella nostra vita che causano stress. Alcuni di loro sono inevitabili, ma alcuni possono essere eliminati. Guarda le cose che ti fanno provare stress nella tua vita e vedi cosa può essere ridotto o eliminato da quelle cose.

Ad esempio, quando ti senti stressato guardando le notizie, prova a visualizzarle meno o usa Internet per rimanere aggiornato su informazioni specifiche che ti riguardano. Se sei stressato dalla ricezione di telefonate di notte quando ti rilassi dalla giornata, chiedi ad amici e familiari di non chiamare dopo un determinato orario, a meno che non si tratti di un'emergenza. Se sei ansioso di rimandare compiti importanti, smetti di procrastinare. L'idea è di sbarazzarsene se ci sono circostanze spiacevoli o cose che possono essere eliminate dalla tua giornata.

Chiedere aiuto.

A volte potresti non essere in grado di farlo da solo. E chiedi supporto alle persone intorno a te. In tempi di stress estremo, chiama amici e familiari per aiutarti a fare le cose. Che si tratti solo di andare a prendere un bambino in classe, di andare a fare la spesa o di passare l'aspirapolvere, aiutare con alcune delle altre cose che devi fare ridurrà drasticamente il carico di lavoro e la pressione.

Sappi se anche tu ti stai allungando eccessivamente. A volte ci assumiamo più compiti e doveri di quelli che possiamo gestire oggettivamente, e l'effetto è una maggiore pressione. Impara come identificare i momenti in cui ti senti troppo esteso e adattare di conseguenza le tue responsabilità. Cerca di delegare i compiti a coloro che ti circondano che sono disposti ad aiutare e ad assumersi le cose che puoi fare.

Risultato

Mentre lo stress tende a essere una parte inevitabile della vita quotidiana, controllarlo migliorerà la tua salute, ridurrà al minimo il grasso addominale e ridurrà le possibilità di infarti e ictus. Il tuo stato d'animo è direttamente correlato al tuo benessere. Quindi rilassa la tua mente e riduci il più possibile lo stress. Otterrai serenità, longevità e salute.

CAPITOLO SETTE

Come identificare le fonti di stress nella tua vita

Lo stress è una parte essenziale di una vita sana. Troppo è possibile grazie alla nostra qualità di vita e alla nostra capacità di raggiungere i nostri obiettivi, sia sul lavoro che nella nostra vita personale. Inoltre, una forza forte può essere la quantità perfetta di Stress, motivandoci a produrre risultati sempre migliori. Non dobbiamo cercare di liberarci completamente della pressione, ma molti di noi possono trarre vantaggio dall'imparare a gestirla meglio.

Uno sviluppo relativamente nuovo è la pressione psicologica e sociale. Nel corso di milioni di anni, le nostre reazioni allo stress si sono evolute per aiutarci a far fronte a situazioni di sopravvivenza molto più fondamentali. È solo un batter d'occhio nell'evoluzione dal momento che gli umani vivevano come cacciatori-raccoglitori, correndo attraverso la savana in cerca di prede o sfuggendo a un predatore affamato. Siamo incredibilmente abili nell'affrontare tali gravi fattori di stress fisici: ciò di cui abbiamo bisogno è la risposta al volo o al combattimento illustrata a destra. Siamo anche ben progettati per affrontare stress fisici cronici, tra cui calore, fame, parassiti.

I problemi sorgono quasi come se fossero fattori di stress fisici; il corpo reagisce a fattori di stress psicologici e sociali. Di conseguenza, rispondiamo spesso alle pressioni in modi inappropriati, inutili e dannosi. La risposta fuga o combattimento, ideale per aiutarci a fuggire da un leone affamato, può essere devastante per il nostro benessere mentre la accendiamo per mesi, pensando a mutui, amicizie e promozioni. Siamo in una condizione di stress cronico.

Identificare lo stress

Il seguente esercizio in quattro fasi ti aiuterà a determinare le fonti di stress della tua vita e il tuo attuale livello generale di pressione.

Fase uno: impara a riconoscere i tuoi segni.

Ognuno risponde a un aumento dello stress a modo suo. Molte persone stanno lentamente diventando più frenetiche e impetuose. Altri stanno trascinando i piedi e ritardando le decisioni. Lo stress li rende meno efficaci in entrambi i casi. Capire come rispondi è la cosa cruciale. Quanto meglio conosci i sintomi, tanto meglio puoi affrontare il problema. Impara a conoscere te stesso concentrandoti su situazioni e momenti in cui sai che in passato sei stato stressato. Quindi puoi imparare a riconoscere i tuoi segni in anticipo, in modo da poter agire in futuro prima che lo stress sfugga di mano. Aiutarti a capire le tue risposte con le seguenti domande.

Usa l'elenco seguente per aiutarti a rilevare lo stress nella tua vita. Esaminalo attentamente e controlla tutti i segni che ricordi. L'elenco è suddiviso in quattro capitoli. La maggior parte delle persone che soffrono di stress scopre che in tutti e quattro i modi influisce su di loro, quindi se non contrassegni nulla in una delle sezioni, probabilmente dovresti ripensarci.

Cambiamenti che possono essere sintomi di stress Sentimenti
Irritabilità; sei irascibile e divampa rapidamente.

• Ansia e sentimenti di ansia.

• Paura di essere fuori portata, per esempio.

• Sentirsi preoccupati per la propria salute, per esempio, o per qualsiasi altra cosa.

• Sentirsi infelice o in lacrime.

• Apatia o irrequietezza.

• L'autostima è diminuita.

• Pensieri per dimenticare le cose; fare errori.

• Per trovare difficile concentrarsi.

• Diventa indeciso.

• Essere confusi e confusi.

• Procrastinare.

• Non riesco a pensare lontano.

• Invece di risolvere i problemi, stressarsi e correre.

• Mantenere il controllo, essere rigidi e inflessibili.

• Il peggio da stimare.

• Comportamenti La gestione del tempo peggiora.

• La situazione peggiora quando tu e gli altri vi organizzate.

• Qua e là in esecuzione.

• Per trovare difficile delegare.

• Orario di lavoro più lungo e più prolungato.

• Portare lavori a casa; fine settimana di lavoro.

• Interrompi la risoluzione dei problemi o fai cose che non ti piacciono.

- Tagliare per divertimento le cose che fai.

- Perdere i contatti con i tuoi amici.

- Incolpare gli altri.

- Farlo fuori ("prendere a calci la macchina") sugli altri.

- Non c'è tempo per divertirsi.

- Hai bisogno di un drink; rivolgersi alla droga.

- Vuoi tranquillanti o compresse per dormire.

- Sensazioni Dolori e dolori, soprattutto mal di testa o dolori allo stomaco.

- Tensione al collo e alla schiena, per esempio.

- A volte lievi fastidi.

- I modelli di sonno sono stati disturbati.

- Appetito alimentare aumentato o ridotto.

- Aumento o riduzione dell'appetito per il sesso.

- Ulcere.

- Malattie legate allo stress come la psoriasi e la riacutizzazione dell'asma.

Fase due: calcolare le dimensioni del carico.

Dai uno sguardo obiettivo alle pressioni che affronti e scrivi se possibile. Lo stress è cumulativo, come abbiamo visto, quindi contano sia le piccole cose (faccende domestiche) che quelle grandi (il tuo lavoro, le tue finanze e le amicizie). Fai attenzione a ridurre il carico in un modo che molte persone fanno, pensando, ad esempio, "tutti gli altri devono farcela almeno altrettanto" o "dovrei essere in grado di gestire, potrei guidare l'anno scorso". Un qualcosa di pesante, portato a lungo, finisce per logorarti e persone diverse trovano stressanti cose diverse. Ridurre il peso aggiunge ulteriore Stress al carico esterno e mette più pressione su di te.

Scarica eventuali stress della vita attuali.

Fase tre: pensa ai recenti cambiamenti nella tua vita

Cambiamenti significa che devi adattarti, quindi aumentano il tuo livello di stress, anche se sono per il meglio. Quando la pressione è una malattia come la depressione o la perdita del lavoro, la richiesta è evidente e meno evidente se deriva dall'essere promossi o sposati. Anche gli aggiustamenti che sembrano ridurre il tuo carico, come il pensionamento o la transizione dopo che i tuoi figli hanno lasciato casa, possono essere stressanti. I cambiamenti di ogni tipo consumano energia, lasciandoti a risparmiare meno finché non ti adatti ai cambiamenti. Il trasloco è uno dei cambiamenti significativi più sottovalutati e potrebbero essere necessari mesi per adattarsi completamente.

Aggiungi al grafico tutte le modifiche che ti sono state apportate nell'ultimo anno. Il nostro elenco di seguito include alcuni esempi delle forme di spostamento che sappiamo essere comunemente associate allo stress.

Uno dei fattori di stress più popolari coinvolge:

Enormi cambiamenti Trasferirsi all'estero Matrimonio, separazione o divorzio Riaggiustamenti aziendali Gravidanza, trasloco Abbandono della scuola o trasferimento di scuola Risultati eccezionali Perdite pensionistiche Un amico o un parente muore Persone che stanno per tornare a casa Bambini che lasciano la casa Smettere di lavorare Abbandonare il lavoro per avere figli Guarda l'elenco "Cambiamenti che possono essere segni di stress" di nuovo. Hai riscontrato cambiamenti recenti che potrebbero essere dovuti a un'eccessiva pressione in te stesso?

Ora dovresti avere una buona idea di quanta pressione sei sotto al momento.

Lo stress come forza motivante

Mentre continuiamo a concentrarci sugli effetti negativi del peso eccessivo e su come può essere combattuto, vale la pena ricordare che lo stress può anche essere una potente forza di cambiamento. Pensa ad alcuni dei modi in cui la tensione a volte ti spinge alla pratica. Guadagnare abbastanza pressione per pagare il mutuo può incoraggiarti a lavorare di più su una campagna promozionale. La scadenza imminente per un progetto che hai rimandato ti costringe a iniziare e completarlo. Gestendo efficacemente lo stress, possiamo assicurarci che sia una forza positiva nella nostra vita, dandoci la forza di lavorare attraverso i periodi difficili e aiutandoci a raggiungere i nostri obiettivi a lungo termine.

Suggerimenti per la gestione della depressione

Hai problemi ad alzarti dal letto?

Suggerimenti per aiutarti a far fronte alla depressione? Hai perso l'appetito o mangi più del solito? Altri hanno notato che in qualche modo eri diverso, in qualche modo non edificante o felice come sei solito? Il capo oi tuoi colleghi hanno notato che ultimamente o tardi ti sei perso più lavoro?

Se suona familiare, potresti soffrire di depressione. La depressione è un termine spesso gettato in giro senza pensare molto a cosa significhi. Sembra che tu sia giù se sei triste. A volte il termine depressione è persino sostituito da dolore. E mentre la tristezza fa parte della depressione, è solo una parte di essa.

La depressione è una malattia che cambia la vita che a volte minaccia la vita. La depressione consiste nell'avere comportamenti, pensieri e determinati sentimenti, secondo il DSM-IV (Manuale diagnostico statistico, il libro dei terapisti usati per la diagnosi). Questi implicano, ma non sono limitati a: uno stato d'animo depresso; mancanza di interesse o divertimento per le cose che ti piacevano e ti piacevano; ridotto interesse per tutte o quasi tutte le attività; significativa perdita di peso quando non si mangia o, al contrario, notevole aumento dell'appetito; insonnia; esaurimento o perdita di energia; sentimenti di inutilità o colpa; perdita di concentrazione o frequenti pensieri di morte. Per essere chiamata depressione medica, questi problemi devono essere presenti tutto il giorno, ogni giorno o quasi tutti i giorni.

La buona notizia è che la depressione può essere gestita. È possibile gestire la depressione. Non devi essere definito. Molte persone con depressione possono vivere la loro vita adottando quei passi che hanno dimostrato di funzionare. Tutto quello che ho trovato nel fornire consulenza è che la maggior parte delle persone non sta adottando le misure che possono migliorare. Ma se vuoi fare il lavoro, puoi iniziare a sentirti meglio e iniziare a goderti di nuovo la vita.

Ecco cinque strategie per chi soffre di depressione che ha dimostrato di funzionare. Li vedo lavorare per le persone con cui lavoro e potrebbero lavorare per te.

Forse questo è il più difficile di tutti i passaggi che puoi compiere. La parte peggiore della depressione probabilmente non è il dolore, ma il dialogo interiore e i sentimenti negativi che provi a causa della depressione.

Affrontare i pensieri negativi e sostituirli con buone idee è il modo più semplice per gestire queste emozioni. Ciò non significa che sia facile, però. Non è quello. Questo è il principio alla base di uno dei metodi più comuni di terapia cognitivo-comportamentale per la depressione. La teoria qui è che le nostre convinzioni regolano le nostre emozioni e comportamenti, e se cambiamo i nostri pensieri, allora alteriamo i nostri sentimenti e le nostre azioni, cioè come pensiamo, facciamo e facciamo.

È la cosa più difficile da fare per loro quando ho a che fare con persone che soffrono di depressione grave. Un modo in cui ho scoperto che le persone lavorano è considerare tutti i sentimenti che hanno e ignorare quelli negativi. Lo scopo è dirti di avere pensieri negativi su te stesso e poi lasciarli andare. È normale quando ti senti depresso avere pensieri negativi. La chiave è ricordare che sono solo pensieri, non tu. Sei distinto dai tuoi pensieri. Il modo in cui pensi di doverlo cambiare.

La ricerca sull'esercizio fisico ha dimostrato che l'esercizio quotidiano ci fa sentire meglio non solo con noi stessi ma anche con chi ci circonda. Non devi essere rigoroso e lungo nell'allenamento che scegli di fare, solo qualcosa che ti faccia andare avanti. Tuttavia, puoi trovare difficile motivarti a fare esercizio quando sei depresso. È una cosa comune.

Allora cosa hai intenzione di fare? Alzati, alzati. Vai a correre. Stai facendo yoga. Andare a nuotare. Viaggia più volte su e giù per le scale. Fai tutto ciò che guida te e il tuo corpo.

È stato dimostrato che l'esercizio produce endorfine. Le endorfine sono ormoni rilasciati quando siamo coinvolti e aiutano a farci sentire meglio. Il rilascio di endorfine ci aiuta a sentirci più rilassati, meno depressi e ci aiuta a ottenere una migliore prospettiva di vita.

Permetto loro di camminare per i corridoi e di guidare la cyclette mentre mi occupo dei pazienti in ospedale. Il movimento aiuta il corpo a produrre endorfine e il cervello a pensare a qualcos'altro. Aiutare te stesso per la salute mentale è un altro modo.

Crea un diario della felicità È normale perdere di vista le cose di cui sei felice. Mentre lavoro con persone che soffrono di depressione cronica, chiedo quando erano soddisfatte o se si divertivano a fare qualcosa per l'ultima volta. Nove volte su dieci, la risposta è che non riescono a ricordare. Il loro cervello ha bloccato il modo in cui pensano i buoni pensieri, concentrandosi solo sugli aspetti negativi.

Un modo per combatterlo è scrivere quando eri felice, quando ti è piaciuto fare qualcosa e quando ti sentivi bene con te stesso. Questo è fondamentale perché ti aiuterà a ricordarti che c'è speranza. Ti permetterà anche di notare che ti piacciono le attività, le persone e i luoghi, cose di cui potresti esserti dimenticato.

Mangia bene È normale che tu voglia mangiare tutto il giorno o per niente se soffri di depressione. E se hai fame, probabilmente vorrai mangiare cibo spazzatura. Perché lo è? Solo perché otterrai un alto livello di zucchero.

I ricercatori hanno scoperto che le persone che mangiano cibi integrali, come frutta e verdura, avevano il 26% di probabilità in meno di essere depresse in un sondaggio dalla Gran Bretagna. D'altra parte, quelli con zuccheri raffinati e fast food hanno il 58% di probabilità in più di soffrire di depressione.

Se soffri di depressione, è ragionevole voler mangiare cibi ricchi di zuccheri o cibi confortanti. Ma ricorda, non è utile, mentre è normale. Ci sono diverse spiegazioni per questo. Il primo è che otteniamo solo una breve carica di energia dallo zucchero. È simile a qualsiasi farmaco che solleva per breve tempo la nostra energia e il nostro umore. Eppure il nostro corpo si sentirà bene solo fino a quando lo zucchero non sarà stato assorbito, e poi l'incidente che accadrà potrebbe persino farti sentire peggio prima.

Riabilitazione E poi riabilitazione. Il semplice atto di parlare dei tuoi problemi, sentimenti, pensieri e idee può avere effetti incredibili sia sulla tua mente che sul tuo corpo. Le prove hanno dimostrato che la terapia della parola può prendere qualcuno che soffre di depressione come uno dei passaggi più critici.

Ho scoperto che lavorare con persone depresse è ragionevole voler essere lasciati soli; volersi nascondere in un luogo sicuro e guardare il mondo che passa. Il dilemma è che, poiché è ancora probabile che tu soffra di discorsi personali negativi, sentimenti e autostima negativa di essere soli e depressi, ciò che è più probabile che accada è che non sarai in grado di apportare gli aggiustamenti necessari per iniziare a sentirsi meglio.

Non c'è risposta su come gestire la depressione. La mia esperienza di consulenza mi ha dimostrato che fare qualcosa, qualcosa, crea risultati migliori che non fare nulla. Se vuoi iniziare a vivere una vita con meno dolore e depressione, è ora di agire. Il fatto che tu stia leggendo questo indica che hai fatto il primo passo nella ricerca di aiuto e puoi sentirti bene al riguardo. Riabilitazione E poi riabilitazione. Il semplice atto di parlare dei tuoi problemi, sentimenti, pensieri e idee può avere effetti incredibili sia sulla tua mente che sul tuo corpo. Le prove hanno dimostrato che la terapia della parola può considerare qualcuno che soffre di depressione come uno dei passaggi più critici.

Ho scoperto che lavorare con persone depresse è ragionevole voler essere lasciati soli; volersi nascondere in un luogo sicuro e guardare il mondo che passa. Il dilemma è che, poiché è ancora probabile che tu soffra di discorsi personali negativi, sentimenti e autostima negativa di essere soli e depressi, ciò che è più probabile che accada è che non sarai in grado di apportare gli aggiustamenti necessari per iniziare a sentirsi meglio.

Non c'è risposta su come gestire la depressione. La mia esperienza di consulenza mi ha dimostrato che fare qualcosa, qualcosa, crea risultati migliori che non fare nulla. Se vuoi iniziare a vivere una vita con meno dolore e depressione, è ora di agire. Il fatto che tu stia leggendo questo indica che hai fatto il primo passo nella ricerca di aiuto e puoi sentirti bene al riguardo.

Gestisci la depressione creando pensieri positivi

Tutti hanno sentimenti negativi. Fa parte di un essere umano. Quindi, quando sei frustrato dal numero di pensieri negativi e contribuisci alla depressione o ai sintomi di ansia, potrebbe essere il momento di considerare di apportare un cambiamento. Ci sono molte prove che i nostri sentimenti sono il prodotto solo dei nostri pensieri e delle nostre convinzioni, non delle cose che avvengono nella nostra vita. In altre parole, gli eventi non ci rendono turbati, arrabbiati o tristi, ma piuttosto i nostri sentimenti o opinioni sugli eventi portano alla nostra sensibilità o avversione a risultati inaspettati. Pertanto, essere sicuri e resilienti è della massima importanza per i nostri valori, poiché i risultati di questi principi saranno lo sviluppo psicologico e la soddisfazione. Se le nostre convinzioni sono rigide e controproducenti, cose come auto-colpa, depressione e ansia influenzano la nostra vita emotiva. Di seguito è riportata una serie di 4 passaggi per migliorare il pensiero negativo.

1. Prendi nota dei tuoi pensieri Se incontriamo molta insoddisfazione, dolore, rabbia o delusione che non sembrano mai migliorare, di solito significa che potremmo non essere consapevoli dei pensieri o delle convinzioni che contribuiscono a disturbare emozioni o comportamenti. Spesso passiamo molto del nostro tempo ignorando i sentimenti automatici che abbiamo, notando solo la reazione. Potresti sentirti frustrato a fare la fila in un negozio o in un ristorante, per esempio, ma

forse non hai visto il pensiero: "Queste persone non sanno cosa stanno facendo!" o "Questa linea deve muoversi più velocemente!" da "Qualcuno si prende cura di me!" Il primo passo per creare pensieri positivi è considerare ciò che senti. Potresti voler esplorare se pensi con termini statici come "deve", "dovrebbe", "deve", "sempre", "mai" 2 per aiutare con questo processo. Sfida i tuoi pensieri Quando il tuo pensiero inconscio o una convinzione predeterminata è stato stabilito, la mossa successiva coinvolge la sfida o il conflitto. Spesso è la parte più difficile da padroneggiare per le persone, ma ecco alcuni suggerimenti: immagina di essere uno scienziato obiettivo e che qualcuno ti abbia portato un campione del (tuo) pensiero per un esame accurato. Dopo di che il tuo compito è dimostrare che il pensiero automatico NON è VERO al cento per cento. Prendiamo, ad esempio, il pensiero precedente della lunga fila: "L'impiegato dietro il bancone non sa cosa sta facendo!" Uno scienziato probabilmente esaminerebbe questo pensiero e concluderebbe: "Beh, l'impiegato è vestito e va al lavoro, indicando un certo livello di intelligenza. Tuttavia, mentre impiega più tempo di quanto vorrei, i clienti sembrano fare acquisti e l'attività sembra che lo stia facendo.

Nota, l'obiettivo non è dimostrare che la tua affermazione è sbagliata, ma dimostrare che non è necessariamente vera al 100 percento. Questo è importante perché le nostre menti, come se fossero parole reali, sembrano prendere i nostri pensieri automatici e credenze rigide.

E il pensiero: "Questa linea dovrebbe muoversi più velocemente!" Anche in questo caso, mettiamo in discussione questa idea nel modo seguente: sebbene grammaticalmente un po 'diversa, la mente deve "ascoltare" la frase come se fosse destinata a essere; " La linea dovrebbe muoversi più velocemente! ' quando effettuiamo questa sostituzione è più facile dimostrare che l'affermazione non è valida al 100%. "Chi dice che la linea dovrebbe muoversi più velocemente?" "Il ritmo della linea non dipende da me, quindi sembra inutile suggerire che si muova più velocemente." 3. Cambia i tuoi pensieri il passo successivo è rendere il tuo pensiero lineare più flessibile. Il modo più semplice per farlo è sostituire le parole. Basta togliere dalla mente le parole rigide e sostituirle con termini più flessibili e sfumati di grigio come Sarebbe stato NIZZA, MI piacerebbe, FORSE, FORSE. Tutti questi termini suggeriscono una certa flessibilità, e poiché il mondo non esiste in BIANCO e NERO, questi pensieri flessibili sono più accurati. Usando l'esempio precedente, si potrebbe cambiare il pensiero rigido: "La linea deve muoversi più velocemente!" e cambiarlo per dire: "Sarebbe fantastico se la linea si muovesse più velocemente, ma la verità è che è fuori dal mio controllo e, sebbene sia spesso frustrante, probabilmente sarei in grado di conviverci". Visualizza e credi ai tuoi nuovi pensieri Una volta che una nuova idea o opinione versatile è stata creata, puoi usare la pratica della visualizzazione per aumentare le possibilità di credere e concordare con il pensiero. Il modo per farlo è memorizzare il nuovo pensiero e poi, tre volte in modo comprensivo e accogliente, ripeterlo dolcemente a te stesso come se credessi alla teoria. La nota del corpo si sente più a suo agio e se senti più pace e accettazione. È dubbio che ti sentirai incredibile, o buono, ma l'obiettivo non è la perfezione, la perfezione è un'illusione e un servizio di pensiero rigido. L'obiettivo è cambiare poco o in modo incrementale.

I lettori di questa tecnica spesso suggeriscono che non sarà come "fingere" di avere una sensazione versatile. Eppure le recensioni scientifiche hanno dimostrato che è vero il contrario. La ricerca ha dimostrato che ci sono notevoli differenze tra le persone che hanno pensieri flessibili sulla risonanza magnetica / scansioni cerebrali e le persone che vogliono credere (o fingere) di avere idee flessibili. Ciò significa che praticando continuamente il processo di CAMBIAMENTO, NOTIFICA, VISUALIZZAZIONE e SFIDA, possiamo ricablare il nostro cervello e alterare l'equilibrio chimico nella nostra mente. Perché non provi? Sebbene non vi sia alcuna garanzia che la strategia di cui sopra funzionerà per voi, c'è una garanzia che probabilmente NON lavorerete con gli stessi vecchi pensieri e comportamenti che avete usato per anni.

Aiuto per attacchi di panico e ansia di panico

Il disturbo di panico colpisce da 3 a 6 milioni di americani ed è due volte più comune tra le donne. Ad un certo punto della nostra vita, tutti sperimentiamo il panico, ma coloro che soffrono di disturbo della paura sperimentano attacchi di panico quotidiani, e questo tipo di ansia può influenzare in modo significativo la qualità della vita, rendendo ingestibili anche comportamenti naturali come la spesa. Una forma debilitante di ansia può portare all'agorafobia nel suo modo più crudele, un'estrema paura di andare oltre la zona di sicurezza della propria casa. In casi così gravi, cercare assistenza medica è saggio.

L'intensa paura dell'attacco di panico stesso è uno dei sintomi dell'ansia di panico. Chi ne soffre ha una paura mortale del prossimo attacco di panico e della paura di perdere il controllo, così come dell'umiliazione sociale che ne deriverà. A volte siamo così spaventati che l'ansia centrale è così potente che ci risucchia in uno stato di follia in modo permanente. Molti malati di disturbo di panico comprendono che la paura del terrore è il loro problema principale e la fonte primaria della loro sofferenza emotiva.

L'ansia di panico consiste in credenze e reazioni primarie che costituiscono il nucleo dell'emozione e un'intera fusoliera di risposte terziarie, entrambe emotive e cognitive e reazioni di evitamento, resistenza e proliferazione. Il sintomo di una risposta critica può essere dovuto a uno squilibrio chimico o a un grave trauma emotivo che determina cambiamenti nel cervello con conseguente azione riflessa molto primitiva del tipo "lotta o fuga". Qualunque sia la causa della reazione primaria, la mente è lasciata a cercare di elaborare questa intensa energia emotiva, che porta alla reattività secondaria strato dopo strato. La mente inizia a generare idee su cosa è sicuro e cosa è pericoloso, portando ad abitudini di evitamento che possono diventare molto complicate e contorte.

La paura di perdere il potere prolifera in un pensiero preoccupante e tragico costante che intensifica il panico iniziale e lo prolunga. Ciò potrebbe portare a una reattività superiore, che sono tutti sentimenti auto-diretti di rabbia e depressione per non essere in grado di affrontare e contribuire alla perdita di autostima e fiducia in se stessi.

Oltre a causare tanta sofferenza, questa forma di reattività terziaria e secondaria ha un altro effetto dannoso nel prevenire la guarigione delle reazioni centrali iniziali. La paura della paura consiste nel gettare il sale in una ferita aperta, impedendole di gettare legna o di guarire nel falò, mantenendo le fiamme accese. In realtà, l'azione che la reattività rende rigida la paura primaria. Concludono che la preoccupazione centrale perde la sua plasticità psicologica nella psicologia della consapevolezza buddista. Diventa duro come una roccia e non può spostarsi, non può ripararsi, non può guarire. La ragione principale di questo effetto inibitorio è che la nostra preoccupazione per gli attacchi di panico ha l'effetto di distrarre la nostra consapevolezza cosciente dalle emozioni centrali e di dissociarci da esse.

Uno dei principi essenziali nella psicologia della consapevolezza è che la consapevolezza cosciente è necessaria affinché qualsiasi emozione possa riparare se stessa. Senza questa chiara consapevolezza cosciente, il dolore non potrà mai riprendersi e rimarrà congelato fino a quando non saremo in grado di restituire consapevolezza alla sensazione. Il detto comune tra i terapeuti basati sulla consapevolezza è: "la reattività impedisce la guarigione; l'attenzione incoraggia la guarigione", e questo è senza dubbio il caso dell'ansia per il panico.

Allora come possiamo alterare i modelli di pensiero reattivo che mantengono bloccato l'intero processo? La Mindfulness Therapy fornisce diverse idee e strategie pratiche, ma uno degli approcci di maggior successo è cambiare il modo in cui rispondiamo alle nostre ansie e paure. Non rispondiamo alle nostre emozioni negative quando siamo affatto in preda all'ansia; reagiamo a loro con una qualche forma di resistenza, avversione o evitamento. Per i motivi sopra descritti, questo, ovviamente, peggiora le cose. Invece di reagire, l'arte di rispondere è imparare a riconoscere l'emozione che poi risponde ad essa di proposito, nei termini

Li incoraggio a salutare consapevolmente l'emozione mentre si manifesta mentre interagisco con chi soffre di panico, con: "Ciao. Ti vedo. Per favore, prendi il tuo posto, io prenderò il mio posto, e ci sederemo insieme per un po." Questo può sembrare strano perché di solito non ci sentiamo invitati per la nostra ansia e paura e tutti quei sentimenti e pensieri negativi, ma il risultato può essere molto drammatico se lo otteniamo. Per aver gridato forte, quando accetti l'emozione, inizierai a riguadagnare il tuo potere e la tua posizione. Invece del sopravvissuto spaventato, diventi l'ospite. Con la pratica, aiutata da immagini guidate e da alcune visualizzazioni interiori, la maggior parte delle persone scopre di poter sviluppare quest'arte dell '"essere ospite" e si stupisce della trasformazione risultante. Quando stabiliscono e sviluppano questa interazione interna con i loro sentimenti, la forza della paura inizia ad allentarsi. In Mindfulness Therapy, stiamo parlando di creare la relazione di consapevolezza con il "terreno fertile" delle emozioni. Questo spazio interno di consapevolezza consapevole non reattiva consente alle sensazioni di recuperare la loro plasticità. Cominciamo a scioglierci quando il ghiaccio si scioglie al calore del sole. La meditazione è come i caldi raggi rilassanti del sole e scioglie nei profondi recessi della mente i sentimenti dormienti che sono stati scartati dalla reattività.

Infine, arriviamo alla reazione primaria stessa e dobbiamo imparare a sederci con la prima paura che guida l'intero processo. Con una consapevolezza prolungata, questo mostro di ghiaccio oscuro e spaventoso non è in grado di resistere al potere curativo della conoscenza e nel tempo diventa anche plastico e inizia a riprendere il suo naturale processo di guarigione e risoluzione. Attraverso la pratica, sappiamo come la reattività impedisce questo normale processo di guarigione interna e vediamo da noi stessi come la reattività sia l'opposto. La consapevolezza che sostiene il recupero è solo razionale. Coltiva la consapevolezza e quindi osserva i cambiamenti che si svolgono.

CONCLUSIONE

La depressione e l'ansia sono le cause alla base di scoppi di rabbia molto comuni nella nostra vita quotidiana. Dà origine a una discussione quando le nostre idee sono in conflitto con qualcun altro e questo a sua volta dà origine a lotte e più discussioni. Quando avrai superato l'esplosione di rabbia, penserai a quello che è successo, ovviamente. Ti chiederai: "Perché ero arrabbiato? Perché sono stato così arrabbiato? Cosa ho detto? Cosa stava dicendo l'altra persona? E tutto quello che è successo inizia a correre come un filmato nella tua testa.

Scoprirai che non è perfetto, però, e ci sono anche aree in cui sei vuoto. Non sarai in grado di ricordare l'intero scenario accaduto perché sei stato preso dalla rabbia e non controlli più la tua mente. Sei stato abusato e usato da Rage.

È molto più probabile che ti irriti quando ti senti depresso. Il motivo principale è la depressione e le sue cause, quindi quando non sei in grado di controllare le tue emozioni, la rabbia e la frustrazione verranno fuori ed esploderanno a causa di un fastidio. Le strategie di gestione della rabbia quando si soffre di depressione sono molto più difficili da usare in modo efficace. La tua mente è nel caos e la tua capacità di gestire la rabbia è spesso trascurata.

La rabbia è una risposta molto naturale agli eventi che non vanno come vogliamo. A volte la situazione di cui sei turbato è reale e hai ragione ad essere arrabbiato, ma devi affrontare la tua rabbia. Puoi affrontare il problema con eccellenti capacità di gestione della rabbia affrontandolo e discutendo il problema, perché gridare non ti aiuterà nella situazione, ma peggiorerà la situazione.

Il più delle volte, se le controversie non vengono gestite adeguatamente, ciò porta a una gestione più complessa delle circostanze complesse. È probabile che ti arrabbi e divampi in queste situazioni. Queste situazioni complesse possono facilmente rompere il tuo personaggio e rovinarti la mente, poiché il problema è sufficientemente complesso da portarti oltre il limite. Le persone con questi sintomi soffrono di rabbia cronica dopo un disturbo da stress traumatico e richiedono consulenza per la gestione della rabbia attraverso un esperto certificato di gestione della rabbia.

Se hai una frustrazione intensa e un disturbo da stress post-traumatico e stai rimandando l'assistenza per controllare la rabbia, non farai altro che peggiorare la condizione. Esistono strategie specifiche per la gestione della rabbia che puoi applicare al livello iniziale e quindi cercare una terapia di gruppo per la gestione della rabbia o fissare un appuntamento con un terapista per sessioni di gestione della rabbia. Tutto ciò può essere molto utile per affrontare la rabbia e la depressione.

I seguenti problemi colpiscono gli individui con sindrome post-traumatica: attacchi di ansia e sbalzi d'umore. Sono inclini a frequenti sbalzi d'umore e attacchi di ansia e panico e non hanno alcun controllo sulle proprie emozioni.

Introversione. Quelli con tali disturbi di personalità evitano gli individui e le attività sociali e cercano di rimanere isolati dal mondo.

Se esposti a rumori imprevisti e rumorosi, non possono tollerare rumori forti e diventano molto nervosi.

Se stai leggendo questo capitolo e ritieni di avere tali problemi, dovresti contattare uno psicologo o un consulente per la gestione della rabbia perché potresti aver bisogno di aiuto medico.

A livello individuale, è possibile fare quanto segue per guarire dai problemi di disturbo post-traumatico da stress: * Se ti arrabbi spesso, ea volte senza motivo, dovresti parlare di te stesso per imparare cosa sta succedendo nella tua testa e creare una relazione tra te, il tuo corpo e il tuo cuore.

Tieni un diario sulla gestione della rabbia o un elenco di cose che ti fanno arrabbiare o irritare o che raggiungono il punto in cui non puoi controllarti o ti senti costretto. Quando hai registrato e definito i tuoi problemi, il segreto per una gestione efficace della rabbia è la positività.

Vai in un posto tranquillo e urla, urla e urla quanto vuoi per far uscire tutti i cattivi sentimenti nel tuo petto. Questo ti aiuterà in modo significativo.

Una delle migliori tecniche per gestire la frustrazione è calmare e rilassare la mente facendo un respiro profondo e facendo una lunga passeggiata per distrarti dalla situazione attuale.

Portati un'attività salutare che chiami una tecnica di gestione della rabbia. Vai su un disco e spaccia la tua rabbia e la tua frustrazione fino a quando tutti i sentimenti oscuri si spengono o richiamano un tuo bel ricordo che ti farà sorridere.

La musica è cibo per la mente e per l'anima, quindi ascolta alcune delle tue canzoni preferite e crea la tua colonna sonora per Anger Management.

Se hai voglia di colpire qualcuno, non puoi ferire nessuno colpendo un sacco di sabbia e liberare la tua frustrazione.

Se i suggerimenti di cui sopra non ti aiutano, almeno hai bisogno di un corso di gestione della rabbia o di una sessione di consulenza per la gestione della rabbia. Potresti anche aver bisogno di qualche forma di farmaco per alleviare la frustrazione che ti aiuterà a rilassare la mente. La consulenza per la gestione della rabbia ti aiuterà ad apprendere tecniche migliori per gestire la rabbia. Queste nuove abilità nel controllare la rabbia possono aiutarti a far fronte alla tua rabbia. Se hai voglia di colpire qualcuno, non puoi ferire nessuno colpendo un sacco di sabbia e liberare la tua frustrazione.

Se i suggerimenti di cui sopra non ti aiutano, almeno hai bisogno di un corso di gestione della rabbia o di una sessione di consulenza per la gestione della rabbia. Potresti anche aver bisogno di qualche forma di farmaco per alleviare la frustrazione che ti aiuterà a rilassare la mente. La consulenza per la gestione della rabbia ti aiuterà ad apprendere tecniche migliori per gestire la rabbia. Queste nuove abilità nel controllare la rabbia possono aiutarti a far fronte alla tua rabbia.

CPSIA information can be obtained
at www.ICGtesting.com
Printed in the USA
BVHW041412270421
605944BV00006B/1563

9 781801 978118